나의 첫 세계사
타이완 공부

쉬야오원 글, 쥬쯔 그림
윙쟈인(중앙연구원 타이완사 연구소 부연구원) 감수
신주리 옮김

너머학교

차 례

1 타이완섬이 떠오르다 • 4
2 다채롭고 다양한 선주민 • 12
3 아름다운 섬, 포르모사 • 24
4 '홍모번'이 타이완을 통치하다 • 32
5 슈퍼맨 정성공 • 42
6 타이완 해협에 잠긴 애잔한 노래 • 52
7 앞서 나간 성, 타이완 • 62
8 나를 일본인이라고 하지 마 • 72
9 중화민국이 타이완으로 건너오다 • 84
10 타이완과 지구촌, 역사는 흐른다 • 94

옮긴이의 말 • 99

부록 _ 지명, 부족명, 나라명 한자 • 100

타이완섬이 떠오르다

언제부터 타이완에 사람이 살았을까?
타이완인의 선조는 어디에서 왔을까?
옛날 옛적 아주 오랜 옛날에, 타이완 사람은 어떻게 살았을까?
고고학자의 도움으로 답을 찾을 수 있어!

아주 먼 옛날 타이완은 섬이 아니었어.

빙하기가 끝날 즈음인 1만 8000년 전, 지구에는 대대적인 기후 변화가 일어났어. 빙하가 천천히 녹아내리면서 바닷물이 불어나자 지대가 낮았던 타이완 해협이 바닷물에 잠기면서 대륙과 분리되었어. 타이완은 섬이 되었지. 그 뒤 지각판의 운동, 토양의 침식, 밀물과 썰물을 부단히 겪으며 8000여 년이 지나자 지금과 같은 모습이 되었어.

그렇다면 언제부터 타이완에 사람이 살았을까? 고고학자들이 타이둥의 창빈에서 돌무더기를 발견했어. 그 돌무더기는 평범한 돌이 아니라 2만 년 전 인류가 사용했던 그릇이야! 창빈인은 동굴에 살면서 돌을 갈아 칼로 사용했어. 수렵을 하고 나무에 구멍을 내어 불을 피울 수도 있었지!

← 옛날에는 타이완 구릉과 평원에 꽃사슴이 엄청나게 많았어. 꽃사슴은 선주민에게 단백질을 제공하는 주요 자원 중 하나였지.

돌로 만든 도구로 과일을 깎고 동물의 뼈를 부숴. 이렇게 해서 과육을 먹거나 뼛속에 있는 골수를 먹지.

⬆ 타이완에 거주한 최초의 인류인 창빈인은 이렇게 생활했을 거야. 날이 밝으면 동굴에서 나와 동물을 사냥하고 물고기를 잡고 식물을 따 먹었어. 아직 농사를 짓거나 그릇을 만들지는 못해. 그렇지만 불을 쓰고 돌 도구를 만들어 사용할 줄 알았어.

✦ 구석기 시대 ✦

이 시대의 인류는 무언가를 심어서 기를 줄은 몰랐어. 사냥을 하거나 열매나 채소를 따 먹으며 살았어. 불을 피울 줄 알고, 동물의 고기와 뼈를 발라내는 법도 알았어. 그래서 돌을 주워 베거나 자를 수 있는 도구를 만들었지. 6000여 년 전, 신석기 시대로 접어들자 사람들은 농사를 짓고 흙으로 그릇도 만들었어. 그런데 여전히 구석기 시대의 기술로 살아가는 사람들도 있었어.

다른 시대, 다른 도구를 사용하다

6000년에서 3000년 전, 타이완인의 선조는 돌을 갈아 도끼, 칼, 화살촉 등을 만들어 사용했어. 흙으로 빚은 그릇을 불에 굽고, 물동이와 솥, 접시도 만들었어. 고고학자들이 이 시대 인류가 살았던 흔적을 발견했지. 이들은 사냥을 하고 조개를 잡고 식물을 캤지. 그러다 차츰 동물을 기르고 무언가를 심었어. 이제 먹을 것을 찾아 자주 이사를 다니거나 동물을 잡으러 뛰어다니지 않아도 됐어. 그래서 한곳에 머물러 살며 마을을 이루었어.

1800년 전이 되면 더욱 엄청난 일이 일어나. 타이베이의 바리 마을에서 스산항 문화 유적이 발견됐어. 이 유적을 보면 이 시기에는 철을 제련하고 철기를

↓ 스산항인은 이미 철을 다룰 수 있었어. 타이완에 살았던 사람들이 금속기 시대로 들어섰던 거야.

타이완 사람은 언제부터 개를 길렀을까? 답은 10쪽에 있어.

사용했다는 걸 알 수 있어. 놀랄 만한 발전이야. 철로 만든 칼은 석기보다 훨씬 예리해서 무언가를 새기거나 나무를 다루기가 쉬웠어. 이제 석기를 사용하는 사람은 점점 줄어들어 금속기 시대로 접어들어.

인류학자들은 타이완인의 선조가 모두 같은 곳에서 온 것은 아니라고 봐. 유라시아 대륙의 동남 해안에서 온 이도 있고, 동남아시아에서 온 이도 있었어. 출신 지역도 다르고 타이완섬에 온 시기도 각기 달랐지. 이들 부족들의 문화는 금속기 시대에 들어서자 부족별로 빠르게 달라져서 결국 20여 개 집단으로 나누어졌어. 이들은 각자 정착한 땅에서 그에 걸맞은 나름의 문화를 만들어 갔어. 이렇게 해서 타이완 선주민들은 다양한 부족을 이루며 살게 되었지.

← 신석기인의 가장 특출한 점은 식물을 직접 심고 길렀다는 거야. 이들은 재배 가능한 식물이 무엇인지, 시간을 들여 그 식물을 보살피면 먹거리가 될 수 있다는 것도 알았어. 타이완 야생 좁쌀이 이들이 가장 먼저 재배한 식물이야.

✦ 신석기 시대 ✦

인류는 신석기 시대가 되면 돌을 깨뜨려 도구를 만드는 것에서 한 걸음 더 나아가 '가는 방법'을 알게 되었어. 더 날카롭고 더 유용한 석기를 만들 수 있게 된 거야. 이들도 흙으로 항아리, 접시, 솥 등의 그릇을 만들어 먹을 것과 물을 저장했어. 나무껍질로 옷감을 짜고, 식물의 덩굴을 엮어서 그릇을 만들었지. 다양한 발명품으로 생활은 더욱 편리해졌어. 이 시기에는 사냥과 물고기 잡이, 열매나 채소를 따 먹는 것에 더해 씨를 뿌려 농사를 지을 수 있었어. 토란, 좁쌀, 볍쌀을 심었고 서서히 부락을 형성했지.

다번컹은 타이완에서 가장 이른 신석기 유적지야. 대략 6000년 전후로 각 지역의 선주민이 서로 다른 환경에서 저마다의 방식으로 생활하면서 다양한 문화가 만들어졌어. 이때부터 금속기 시대가 시작되는 1800년 전까지 타이완 각 지역의 문화는 모두 신석기 문화라고 볼 수 있어.

유적지에서 흔적을 찾아라

고고학자들이 발굴한 유적에서 수만 년 전 인류 문명의 발자취를 알 수 있어. 고고학은 정말 흥미로운 학문이야. 옛 인류가 벼를 재배했다는 걸 어떻게 알아낼까?

주의 깊은 고고학자라면 깨진 도기의 작은 파편에서 그 답을 찾아낼 거야! 명탐정 같은 거지. 증거를 찾는 실력이 정말 대단해. 도기에서 눈곱만 한 작은 흔적을 발견하고 그것이 그릇을 굽기 전의 흔적이고, 항아리 안쪽의 불룩한 배 부분에 섞여 들어가 남겨진 벼 낱알이라는 걸 알아내지. 그리고 이를 근거로 그 당시 사람들이 벼를 심었을 것이라고 추정해. 그 그릇을 만들었던 사람은 벼 낱알이 그릇 빚는 흙에 섞여 들어갔으리라고는 꿈에도 몰랐을 거야. 그렇지만 그릇과 함께 구워진 증거는, 수천 년 후 당시 사람들의 일상생활을 우리에게 알려 줘!

⬇ 시간 격차를 두고 살았던 인류의 흔적이 동일한 대지에 층층이 누적되는 경우도 있어.

창빈 문화

타이완 동쪽에 자리한 바셴 동굴에서 창빈 문화 유적이 발견됐어. 대략 3만 년 전에서 1만 5000년 전의 것으로 지금까지 알려진 타이완 인류 문화 유적지 중 가장 이른 거야.

창빈인은 벼를 심거나 그릇을 구워 만들지는 못했고, 간단한 도구를 사용했어. 주워 온 돌을 두들겨 깨서 납작하고 큰 조각으로 만들어. 그 돌조각의 가장자리는 비교적 얇아서 고기를 자를 수 있었어. 돌의 가장자리를 두들겨 깨되 앞부분을 상대적으로 얇게 만들기도 했어. 이런 형태의 돌 도구는 손에 쥐고 나무를 벨 때 사용할 수 있었지. 창빈 문화는 대략 1만 5000년 전쯤까지 지속되다가 사라졌어.

타이완 선사 시대 문화 유적 분포

⬆ 창빈 문화 유적지에서 과학자들이 발견한 돌 도구야. 울룩불룩한 끝부분은 돌을 공들여 깨서 만든 거야. 나무껍질을 벗기거나 뼈에서 고기를 발라내는 데 사용했어. 인류는 도구를 사용하는 것에서 한 걸음 더 나아가 도구를 만들기까지 한 거지. 이것이 인간과 동물의 가장 큰 차이점이야.

⬅ 타이둥 창빈의 바셴 동굴

타이완 섬이 떠오르다

다번컹 문화

다번컹 유적지는 신베이에서 약 3킬로미터 정도 떨어진 곳에 있어. 고고학자들이 6000년에서 4500년 전 유적임을 밝혀내고 다번컹 문화라고 이름 붙였어. 신석기 초기의 생활을 알려 주는 유적지는 다번컹 외에도 타이완 북부, 중부, 남부, 동부, 그리고 펑후에 이르기까지 곳곳에서 발견돼.

다번컹인은 흙을 구워 만든 그릇과 돌을 갈아 만든 석기를 사용했어. 식물의 넝쿨이나 대나무를 엮어서 그릇도 만들고 토란을 길러 먹었지. 이들은 주로 사냥과 채집으로 살아갔으나 나중에는 벼와 좁쌀을 재배하게 됐어. 가장 놀라운 것은 나무껍질로 만든 옷감이야. 나무껍질을 벗겨 판판해지도록 두드려서 '나무껍질 옷감'을 만들었어. 그리고 저마라는 식물의 섬유로 삼실을 만들어. 이 삼실로 그물이나 옷감을 짜고, 도기 표면에 무늬를 새겨 넣었을 거야.

↑ 5000년 전, 타이난 다번컹 유적지에서 발굴된 개의 유골

↑ 다번컹 유적지에서 발견된 사람의 유골이야. 이 사람은 왼팔에 조개로 만든 팔찌 네 개를 하고 있어.

즈산옌 문화와 위안산 문화

즈산옌 유적지는 타이베이 쓰린에 있어. 여기에서 신석기 후기 문화가 2종 발굴되었는데 즈산옌 문화와 위안산 문화야. 즈산옌 문화가 좀 더 이른 시기에 발달했는데, 3700년 전 즈산옌에 정착한 부족은 벼를 심었어. 그들은 붉은색, 검은색, 회색, 갈색 등의 색깔 있는 도기를 사용했고, 짙은 갈색의 각기 다른 무늬를 그릇에 새겨 놓았지.

위안산 문화를 이룬 사람들은 3200년 전에 지금의 즈산옌에 정착했고, 신뎬, 판차오, 관두, 지룽 등에서도 살았어. 위안산 문화의 가장 큰 특징은 항아리와 다양한 도구야. 먼저 주둥이가 여러 개인 항아리에는 이 지역 문화의 특성이 잘 드러나 있어. 동물의 뼈나 사슴뿔로 만든 도구도 대량으로 출토됐어. 이러한 유물은 같은 시기의 다른 유적지에서는 거의 출토되지 않아. 이들은 조개류를 즐겨 먹었어. 먹고 남긴 조개껍질, 동물 뼈, 부서진 질그릇 조각이 산더미처럼 쌓인 '패총'이 발견됐거든. 고고학자들이 패총 안의 유물을 분석하여 선사 시대 사람들이 무엇을 먹었는지를 알아냈지.

베이난 문화

3500년 전 타이둥에 살았던 사람들이 있었어. 이들은 베이난산 자락에 모여 살면서 1,000여 명이 사는 큰 부락을 이루었고, 이들만의 독특한 문화를 발전시켰어. 그중에서 가장 눈에 띄는 것은 커다랗고 얇은 돌판이야. 이들은 수 킬로미터 떨어진 곳에서 이 석판을 날라 와서 집과 관을 만들 때 사용했어. 특히 석판 관은 거의 대부분 북동-남서 방향을 향하고 있지.

이 시기는 신석기 후기에 해당하는데 이들이 구워 만든 붉은색 그릇은 몹시 정교해. 베이난 유적지에서는 몸이나 옷에 착용하는 옥 장신구도 많이 발굴됐어. 베이난인은 꾸밀 줄 알았고, 죽은 후에는 이 아름다운 장신구를 무덤에 함께 묻었던 거지. 베이난인은 가까운 사람이 세상을 떠나면 그 사람을 석판 관에 넣어 자신의 집 밑에 묻었어. 이 독특한 매장 방식을 '실내장'이라고 불러. 이런 풍속이 있는 다른 선주민 부락도 많았어.

▲ 베이난 유적지에서 출토된 옥 귀걸이

◀ 사람과 짐승 모양을 한 장신구

스산항 문화

스산항인은 1800년 전 신베이에서 3킬로미터 정도 떨어진 해안에 모여 살았어. 이들이 만든 도기에는 화려한 무늬가 선명해. 무늬를 그려 넣은 방법도 복잡해. 그중에서도 대표적인 유물은 사람 얼굴 모양을 한 항아리야. 이들은 흙을 빚어 구워서 다양한 인형을 만들었어. 어떤 인형은 사람의 모습이고, 어떤 인형은 돼지나 닭의 모습인데 몹시 귀엽지. 가장 중요한 것은 철을 다룰 줄 알았다는 거야! 고고학자들은 스산항 유적지에서 청동으로 만든 칼자루를 발굴했어. 칼날이 짧은 단도였어. 단도는 그 당시 인도차이나 반도에서 유행했지. 그런데 이란의 한번 유적지, 타이둥의 옛 샹란 유적지에서 청동 단도의 칼자루를 만드는 데 사용한 사암 거푸집이 출토됐어. 철기 시대에는 타이완에 거주했던 인류가 섬 안은 물론이고 섬 밖의 사람들과도 활발히 교류했다는 걸 알 수 있지.

▲ 청동 단도의 칼자루

타이완섬이 떠오르다 11

다채롭고 다양한 선주민

태양이 2개?! 정말 뜨겁네!

세계 각지에서 각기 다른 문명이 조금씩 발전하고 있었어. 작은 섬 타이완에서도 20~30개의 서로 다른 문화가 자라나고 있었지. 이들은 일상, 신앙, 예술 등에 있어서 저마다 독특한 사회를 만들어 갔어. 선주민의 역사를 안다면 타이완섬에 살고 있는 사람들이 서로 더욱 사이좋게 지낼 거야.

가족의 '가장'은 누구일까? 아메이족 전통 사회에서는 엄마가 가장이야. 결혼하면 아빠가 엄마의 가족이 돼. 그러니까 엄마가 어려서부터 살던 집으로 아빠가 들어오는 거야. 그러다 아이가 태어나면 그 아이는 아빠의 성이 아니라 엄마의 성을 물려받아.

> 하나를 활로 쏘아 맞추었더니 달로 변했네!

⬆ 타이완에는 다양한 선주민이 살았고 자신들만의 고유한 부족 신화가 있었어. 부눙족 신화에서는 하늘에 태양이 2개나 있었어. 땅이 너무 뜨거워서 아빠와 아들이 땅을 식히기 위해 무수히 많은 산을 넘고 또 넘어가지. 그들은 마침내 활을 쏘아 태양 하나를 맞추었어……. 상처를 입은 태양은 달이 되었다지.

딸 결혼 기념으로는 요즘처럼 시빙 과자를 나눠 줬을까? 옛날에 부눙족이라면 물사슴, 산돼지 등 사냥해 온 것들을 친지와 친구에게 나눠 줬을 거야. 부눙족 아빠는 이렇게 딸을 결혼시키는 기쁨을 부족민과 함께 누렸어.

17세기 이전 타이완섬에는 이미 많은 부족이 살고 있었어. 그들은 사냥, 떠돌이 농업으로 먹고살았지. 각 부족은 독립적이었고 자유로웠어. 때로 부족 간에 결혼을 하거나 동맹을 맺는 방식으로 협조하기도 했고, 때로는 전쟁을 벌이기도 했어.

⬆ 17세기 말 네덜란드인이 그린 타이완 선주민

다채롭고 다양한 선주민

20~30가지 풍부한 문화

1100여 년간 선주민들은 저마다 선조가 물려준 방식으로 이 땅에서 함께 생활해 왔어. 이 작은 타이완섬은 생활 방식과 문화가 무척 다양해. 평지에서 사는 부족이 있는가 하면 높은 산에서 생활하는 부족도 있어. 옷감을 잘 짜는 부족이 있고, 정교하게 조각을 잘하는 부족도 있어. 얼굴에 무언가 그려 넣는 것을 좋아

➡ 머리에 깃털 장식을 꽂고 팔뚝에 밴드를 찬 쩌우족 용사. 산돼지와 싸워 이긴 자만이 산돼지 털로 만든 밴드를 찰 자격이 있었어.

⬆ 100여 년 전 타이완 남부에 살았던 선주민이야.

⬅ 1871년, 타이완 남부의 핑푸족인데, 이들은 사냥개를 데리고 다녔어.

하는 부족이 있는가 하면, 몸에 하는 문신을 더 숭상하는 부족도 있어.

20~30개의 부족이 자신들만의 사회적 규범을 가지고 있었어. 정말 흥미진진하지 않니! 이렇게 다양하게 각기 다른 일상의 규율을 만들었으니 말야.

바다 한 귀퉁이에 자리한 평화로운 타이완섬이 17세기 전후로 세계사의 급류에 말려들어. 유럽, 명나라, 청나라, 일본 사람이 잇달아 이 섬을 지배하면서 선주민은 문화와 언어, 신앙과 예술 등 모든 방면에서 거대한 충격을 받게 됐어. 선조들에게 물려받은 규범은 서서히 달라지고 완전히 없어지기도 했지.

↑ 타이완 선주민과 뉴질랜드, 이스터섬의 선주민은 모두 오스트로네시아어족에 속해. 오스트로네시아어족의 생활 반경에서 타이완은 가장 북쪽에 위치해 있지.

✦ 선주민의 조상 ✦

타이완 선주민은 어디로부터 왔을까? 먼저 5000~6000년 전 중국 대륙 남쪽이나 필리핀, 인도네시아로부터 지속적으로 이주하였다는 주장이 있어. 타이완섬 자체에 선주민 조상이 있었다는 주장도 있지. 여하튼 어족으로 보자면 타이완 선주민을 비롯해 동남아시아 대부분과 태평양 등에 흩어져 사는 사람들은 모두 오스트로네시아어족이야. 이들은 서쪽으로는 마다가스카르섬에서부터 남쪽으로는 뉴질랜드, 동쪽으로는 이스터섬까지, 북쪽으로는 타이완에 거쳐 살고 있지. 이 지역에 살고 있는 이들의 언어는 타이완 선주민의 언어와 비슷해.

핑푸족을 만나 보다

핑푸는 평지라는 뜻이야. 핑푸족은 하나의 부족이 아니라 '평지에서 살아가는 사람'을 가리키는 말이야. 따라서 핑푸족이라고 하면 그 속에는 여러 선주민이 포함되는 거지. 중국 대륙에 사는 사람을 한인이라고 하는데, 이들이 타이완으로 많이 이주하면서 타이완 평원과 구릉 지대에 살고 있던 핑푸족이 가장 큰 타격을 받아. 이들은 삶의 터전인 땅을 잃었고, 생활 방식도 바꿀 수밖에 없었어.

17세기 이후 타이완 핑푸족 중 일부는 원래 생활하던 곳을 떠나 다른 지역으로 옮겨가게 돼. 중부 평원 지역에 살던 부족은 중앙 산맥으로 이동하기 시작했고, 남쪽에 살던 시라야족 중 일부는 동쪽인 화둥 지역까지 옮겨가지.

핑푸족 대부분이 핑푸족이 아닌 사람과 결혼해서 그들의 생활은 점점 한인에게 동화돼. 300여 년이 흐르면서 핑푸족의 사회, 문화와 언어는 거의 사라지고 지금은 극소수만이 남아 있어. 그렇지만 지명은 선주민어의 발음이 변해 생긴 것이 무척 많아. 니우마터우(타이중 청수이의 다른 이름이야)나 베이터우 등이 그래. 이런 지명으로 옛날에는 핑푸족이 거기서 생활했다는 걸 알 수 있지. 시라야족은 지금까지도 타이난의 마더우에서 주로 살고 있어.

❶ 카이다거란족
북쪽 평원 지역, 그러니까 지룽, 타이베이, 타오위안 등의 지역에서 살아. 이들의 선조는 철을 다룰 수 있었던 스산항 문화인일 가능성이 커.

❷ 다오카쓰족
옛날에는 신주, 먀오리 일대에 살았어. 이들은 제사를 '전'이라고 불렀어. 수확을 할 때 '견전제'라는 제사를 지냈어. 풍성한 수확을 신에게 감사드리는 의식인데, 제사 중에 '주표'라는 의식이 있어. 주표는 단거리 마라톤 같은 거야. 부족의 미혼 남성들이 마을에서 멀리 떨어진 산이나 바닷가에서부터 마을까지 뛰어서 돌아오는 건데, 우승자는 젊은 여성들의 호감을 얻을 수 있지.

↑ 전통 복장을 갖춰 입은 카이다거란족 여성

17세기 타이완에 거주했던 핑푸족 분포도

❸ 바부라족
타이중 해안의 평원 일대에 살아. 예전에는 타이완 중부에 사는 다른 부족과 결혼해 동맹을 맺어서 큰 부족 연맹을 만들었어. 전성기에는 남쪽의 루강, 북쪽의 다자시까지 아울렀어. 이들 연합 왕국이 다두 왕국이야. 네덜란드인이 타이완에 온 후에도 이 다두 왕국은 막강한 세력을 가지고 있었어.

❹ 마오우수족
주로 장화 일대에 살아. 루강, 시뤄, 팡위안과 같은 지명은 모두 마오우수족 말이 변한 거야.

❺ 가하우족
주로 난터우푸와 런아이샹에 살아. 이들은 현재까지 부족의 언어와 전통 문화를 간직하고 있는 핑푸족이야. 가하우족어는 지구상에서 곧 사라질 위기에 놓인 18종의 언어 중 하나지.

← 가하우족이 만든 옷감

❻ 허안야족
원린 자이와 장화 일대에 거주해. 마을이 대략 13개 정도 있어.

← 청나라 때 조공을 바치러 온 인물들을 그린 직공도에 그려진 허안야족 선주민이야.

다채롭고 다양한 선주민

7 바저하이족

타이중의 펑위안 일대에 살아. 청나라 중엽에 타이완 중부 지역에서 가장 활약했던 선주민 부족이야. 새해가 되면 부족민이 모여 아라궈를 만들어. 아라궈는 찹쌀과 쑥으로 만든 경단에 생강과 강낭콩, 설탕으로 만든 소를 넣고 바나나 잎으로 싼 떡이야.

↓ 아라궈

8 시라야족

현재 타이난의 둥산, 자리, 신시와 신화 등지에 시라야족의 자취가 남아 있어. 이들은 아리주에게 제사를 지내는데, 제사 지내는 단 위에 배가 불룩한 단지나 병을 두었어. 이게 바로 아리주의 화신이지.

← 100여 년 전, 영국의 유명 사진작가 존 톰슨(1837~1921)이 타이완 남부의 시라야족 여성과 아기를 사진으로 남겼어.

9 다우롱족

네덜란드가 타이완을 통치했을 때, 시라야 부족과 함께 네덜란드에 저항했어. 다우롱족은 현재 주로 타이난과 가오슝 일대에 흩어져 살지. 타이완 전체에 2만여 명 정도가 있어.

10 마카다오족

핑둥 일대에 거주해. 네덜란드가 타이완을 통치했을 때, 네덜란드와 충돌했던 부족이야. 대다수 마카다오족은 현재 핑둥 완진 성모 성당 근처의 완진촌과 츠산촌에 살고 있어.

← 1871년, 지금의 가오슝 핑둥 부근에 살았던 핑푸족과 그들의 집

→ 타이완에서 가장 오래된 성당인 완진 성모 성당

핑푸족 이외의 선주민

핑푸족을 만나 봤으니 이제 모두 잘 아는 선주민을 이야기해 볼게. 이들은 대부분 산간 지역에 거주해. 서쪽의 높은 산과 중앙 산맥 동쪽의 이란, 화롄, 타이둥 일대에 흩어져 살아.

이전에는 다스리기 편하도록 이들을 '가오산족'이라고 불렀어. 높은 산에 사는 부족이라는 뜻이야. 그렇지만 이 명칭은 적당하지 않아. 선주민들은 바닷가에서부터 산악 지역에 이르기까지 모든 곳에 살았어. 가오산족은 처음부터 산악 지역에 살았다는 걸까? 산악 지역은 비교적 침입이 어려운 곳이니 이들은 네덜란드와 청나라의 통치를 피해 도망쳐 온 거야. 일본이 타이완을 식민 통치하기 전에는 이들 대부분이 한인 사회와 외떨어져 격리되어 있었어. 평지에 거주하던 핑푸족은 일찌감치 한인 사회에 동화되었지만, 산악 지역에 거주한 선주민은 이들만의 전통을 잘 보전했어. 하지만 시간이 흐르면서 이들도 자신들만의 언어와 문화를 서서히 잃어버리게 돼.

❶ 사이시얏족

사이시얏족은 부계 사회야. '아이링제'라는 제사를 지내. 전설에 따르면, 아이헤이인이 사이시얏족을 도와주고 잘난 척을 해서 사이시얏족이 화가 났대. 사이시얏족은 결국 아이헤이족을 멸망시키지. 사이시얏족은 아이헤이족의 영혼을 위로하기 위해 아이링제를 지내며 참회하고 감사를 전해. 이 제사에서는 풍성한 수확을 축하하는 한편 재앙을 물리치고 복을 달라고 기원하기도 해.

← 사이시얏족이 아이링제 때 어깨에 메는 깃발이야.

❷ 타이야족

타이베이, 먀오리, 타오위안, 이란 및 화롄 등에 흩어져 거주해. 부계 사회이고, 족장이 부족을 다스리지만 귀족과 평민의 구분이 없어. 전통 사회에서 여성은 옷감을 짤 수 있어야 했고, 남성은 '출초'해야 했어. 출초는 동물을 사냥하거나 사람의 머리를 자르는 것인데 이로써 어른이 되었음을 인정받지. 선주민은 복수를 위해서나 전쟁에 나가면 적의 목을 벴어. 그렇지만 이런 행위는 좋은 일을 바라고 나쁜 일은 피하기 위한 종교적 의식에서 더욱 빈번하게 행해졌어.

17세기 타이완에 거주했던 핑푸족
이외의 선주민 분포도

❸ 카발란족

약 1000여 년 전에 란양 평원에 거주했어. 이들은 간란식으로 집을 짓고 살았어. 간란식 집은 다락집과 비슷한데, 1층에는 기둥과 계단이 있고, 2층에 방이 있어. 카발란족은 조상의 영혼을 숭배하고 옷감을 무척 잘 만들었어. 이 옷감은 바나나 나무줄기에서 실을 뽑아 만든 거야.

⬆ 카발란족의 다락집

❹ 샤오족

르웨탄 호수 부근에 살아. 이들 문화에서는 새해가 음력 8월 1일에 시작되고, 이날 풍년을 기원하는 제사를 지내. 한 해의 마지막 날인 섣달그믐이 되면 샤오족 여성들이 '격저음'으로 새해를 맞이해. 격저음은 절구공이 소리를 말해. 길이가 각기 다른 나무 절구공이로 돌판이나 돌절구를 두들기며 연주를 하는 거야. 샤오족의 가장 대표적인 문화야.

➡ 격저음을 내고 있는 샤오족 여성들

❺ 쩌우족

부계 사회로 아리산과 난터우 신이향에 거주해. 이들은 뛰어난 사냥꾼으로 그릇도 무척 잘 만들어. 젊은이들을 엄격하게 훈련시키는 조직도 있어. 쩌우족은 용감하고 훌륭한 전사로 명성이 높아.

❻ 사이더커족

타이야족이 된 적도 있었지만 타이야족과는 언어가 달라서 독립해 하나의 부족을 이뤘어. 일제 통치 시기에 사이더커족 마허포 마을의 우두머리인 모나 루다오가 마을 사람과 함께 무기를 들고 일본의 강압적인 통치에 맞섰어. 이게 유명한 '우 마을' 사건이야.

← 모나 루다오

❼ 타이루거족

일찍부터 타이야족의 지파가 됐어. 수렵과 옷감 짜기에 뛰어나고 얼굴에 문신을 새기는 전통이 있지.

❽ 사치라이야족

화롄현에 흩어져 살며 모계 사회야. 1878년 이들은 카발란족과 연합하여 청나라 군대에 대항했어. 이걸 가례완 사건이라고 해.

↑ 사치라이야족의 머리 장식

❾ 부눙족

주로 난터우의 산악 지역을 비롯해 타이둥의 난형 국도 부근에 살아. 이들에게는 매우 독특한 음악이 있어. 이들은 좁쌀을 풍성히 수확하게 해 달라고 하늘에 제사를 지내는데, 이때 부족 남성들이 모여 함께 노래를 불러. 이 노래의 선율을 부눙족어로 '팔부 화음'이라고 해. 이 선율은 이름처럼 8개의 화음이 어우러진 것처럼 들리지만, 사실은 4개의 화음을 쌓아 올린 거야. 전 세계적으로 하나밖에 없는 합창 방식이지.

↑ 팔부 화음 노래를 부르는 부눙족

다채롭고 다양한 선주민

⑩ 아메이족

화둥 일대에 흩어져 살며 선주민 중 그 수가 가장 많아. 아메이족 남자아이들은 어릴 때 부족 회관에서 훈련을 받아야 해. 커 갈수록 나이와 계층이 다른 남성과도 훈련을 해야 하고, 아래 계층 남성은 반드시 위 계층의 지도를 받아야 해. 마지막으로 제전에서 엄격한 시험을 통과하면 부족민에게 청년으로 인정을 받아.

↑ 아메이족의 무지개색 치마

⑪ 라아루와족

가오슝의 타오위안과 핑둥의 나마샤 일대에 거주해. 조개 신에게 제사 지내는 성베이제가 유명해. 쩌우족에 속했다가 2014년 자신들의 이름을 찾아 타이완 선주민의 15번째 부족이 됐어.

⑫ 카나카나푸족

카나카나푸어가 있었으나 이미 사라져서 지금은 부눙족어를 사용해. 라아루와족처럼 쩌우족에 속했다가 2014년 카나카나푸라는 이름을 찾았어.

↑ 카나카나푸족의 용사

⑬ 다우(야메이)족

란위에 거주하며 물고기를 잡아 생활해. 배 만드는 기술이 발달했어. 배 양쪽 끝이 뾰족하게 올라 있는 다우족의 전통 배인 핀반선에는 아름다운 도안도 새겨져 있어. 이들은 금속을 정제하는 야금술에도 뛰어나서 일상 생활용품뿐 아니라 아름다운 은장식도 잘 만들어. 이들은 죽은 사람이 악령으로 변해 살아 있는 사람에게 병을 일으킬 수 있다고 믿어.

↓ 란위에 사는 다우족은 배를 몹시 잘 만들어. 핀반선에는 하나같이 아름다운 도안이 새겨져 있지.

옛날에 다우족은 침몰한 배 안에서 은으로 만든 돈을 건져 올려 투구를 만들었어.

⓴ 베이난족

베이난족은 용맹하기 이를 데 없어. 부족민 수는 적은 편이지만 청나라 시기 타이완 동쪽의 대부분을 다스려서 아메이족과 파이완족 일부가 공물을 바쳤지. 베이난족 남자아이들은 12, 13살부터 부족 회관에서 엄격한 훈련을 받아야 해. 이들은 어른이 되기 위해 반드시 치러야 하는 의례가 있어. 원숭이를 찔러 죽이는 허우제라는 의식이야.

← 베이난족 회관

⓯ 파이완족

타이완 남쪽에 살고, 계급이 분명해. 족장, 귀족, 용사, 평민 등으로 계급이 나누어져. 족장의 첫째 자녀가 족장 지위를 이어받기 때문에 여성도 족장이 되지. 타이완에서 여성 족장이 있는 부족은 드물어.

← 파이완족은 산무애뱀을 숭배해. 그래서 파이완족 예술품에는 이 뱀을 많이 그려 넣었어.

⓰ 루카이족

부계 사회이고 뱀을 숭배하는 문화가 있어. 그렇지만 파이완족과는 다르게 부족장의 지위는 장남만이 이어받을 수 있어.

여성이 알에서 탄생했어.

도자기 항아리 속의 알은 나, 산무애뱀이 지켜.

➡ 루카이족에게는 도자기 항아리 신화가 있어. 옛날에 태양과 도자기 항아리가 결혼을 해서 알을 하나 낳았어. 산무애뱀의 보호를 받으며 알에서 여성이 태어났는데, 이 여성이 루카이족의 조상 중 하나야.

아름다운 섬, 포르모사

16세기 이전까지 타이완은 조용한 섬이었어.
한인과 일본인이 가끔 타이완에 와서 장사를 했을 뿐,
유럽인은 이 아름다운 섬의 존재를 알지 못했지.
그런데 대항해 시대가 열리고 300~400년 만에 타이완은
한인의 가장 중요한 정치와 경제의 중심지 중 하나가 돼.

밀림에 들어와 있다고 상상해 봐! 그거야, 400년 전만 해도 타이완은 그런 곳이었어. 푸른 바다와 파란 하늘, 섬 곳곳에 숲이 울창하게 우거지고, 야생 매화가 수없이 흐드러지게 피어. 꽃사슴이 여기저기서 뛰어노는데 사람보다 그 수가 더 많아. 당시 타이완에 사는 사람은 30만 명이 채 되지 않았을 거야.

짙푸른 바다 위에 떠 있는 초록색 보석 같은 섬 타이완은 아직 세상에 알려지지 않았어. 그러다 400년 전, 포르투갈인이 배를 타고 지나가다 "포르모사!"라며 크게 감탄했다는 거야. '포르모사'는 '아름답다'는 뜻이야. 이로써 유럽인들의 항해 지도에 이 섬이 추가되었어. 이때가 바로 대항해 시대야. 타이완은 아시아 바닷길에서 중요한 보급 기지가 되었어. 지금은 이 작은 타이완섬에 2,000여만 명의 한인이 모여 살고 있지만 400년 전만 해도 한인은 수천 명에 지나지 않았어.

⬆ 전하는 이야기에 따르면, 1545년 포르투갈 선박이
타이완 근처를 지나가다가 그 배에 타고 있던 한 사람이 저 멀리 있는 섬을 발견했대.
그 섬은 짙푸른 숲이 우거져 눈부시게 아름다웠어. 그 사람은 자신도 모르게
"일라 포르모사!"라고 외쳤대. 이후 누군가 세계 항해 지도에 타이완섬을 그려
넣었고, 이로부터 유럽인은 타이완섬을 '포르모사'라고 부르게 되었지.

⬅ 역사적 문헌에서 자주 발견되는 타이완 지도인데, 타이완섬을
가로로 눕혀 놓은 거야. 그러니까 섬 북쪽이 지도의 왼편에, 남쪽이
오른편에, 섬 동쪽은 지도의 위편에, 서쪽은 아래편에 위치해.
이 지도는 네덜란드가 타이완을 다스리던 끝 무렵에 네덜란드인이
그린 거야. 지도 한가운데에 '포르모사'라고 적혀 있지.

모든 것은 400년 전에 시작됐어.

1621년 여름이 끝나 갈 무렵이었어. 어느 날 자이와 윈린 접경 지역의 항구인 번항(지금의 베이항 일대)에 커다란 배 여러 척이 들어왔어. 그 배에는 20~30명이 타고 있었어. 안사제가 이들을 이끌고 있었는데 그는 중국의 푸젠성 장저우 하이청 출신이야. 이들의 꿈은 타이완섬의 지배자와 의형제를 맺는 것이었고, 그중 한 사람이 20세 청년 정지룡이야. 그는 총명하고 용감했어. 4년 후, 안사제가 죽자 두목의 자리에 오르지.

안사제와 정지룡 등은 번항에 터를 잡고 그 세력을 넓히기 위해 고향인 취안저우와 장저우로 가서 고향 사람을 모집해 타이완으로 데리고 왔어. 그 수가 차츰 불어나 타이완에 3,000여 명이 살게 되었지. 이로부터 많은 한인들이 타이완으로 이주하기 시작해.

해적의 거점이 된 타이완

이들은 타이완으로 와서 뭘 했을까? 농사 짓거나 사냥, 물고기 잡이를 한 게 아니야. 해적이 되어 국제적인 장사를 했어!
그 당시 타이완 해협은 여러 나라
배가 오가는 길목으로

✦ 왜 '타이완'이라고 부를까? ✦

타이난 안핑 부근에 타이강 내해라는 곳이 있어. 전에는 이곳을 타이완, 다완이라고 불렀지. 한자를 다르게 써서 다위안으로 기록하기도 했어. 나중에 이 '타이완'이 안핑 뿐 아니라 타이완 남쪽 지역을 모두 아우르는 이름이 됐어. 그러다 청나라 강희제가 타이완에 타이완부를 설치했고, 이때부터 타이완섬 전체를 이르는 말이 됐지.

초기에는 타이완에 오다가 억울하게 죽은 한인이 많았어. 그래서 어떤 사람들은 타이완을 마이위안, 그러니까 '억울함이 묻힌 곳'이라고 부르기도 했어(마이위안은 푸젠 남부 지역 사투리야. 이 지역에서 타이완으로 이주한 한인이 많았어.)

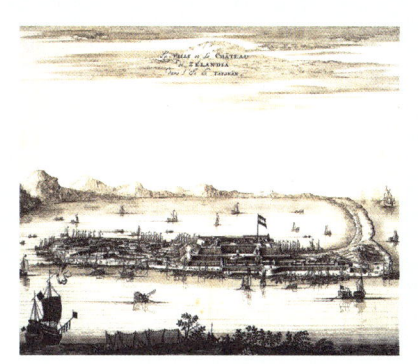

유럽의 많은 나라와 일본, 중국의 상선(무역선)이 오갔어. 안사제와 정지룡이 이끄는 무리는 빨리 돈을 벌기 위해 해적단을 만들어 화물을 가득 실은 상선들을 바다에서 납치했어.

상선을 납치하는 것 외에도 해상 무역도 했지. 무력이 있으니 뒷배 든든한 상인인 거지. 정지룡은 두목이 된 후 심혈을 기울여 배와 무리를 재편했어. 이들의 선단은 당시 명나라 군대보다 기강이 더 잡혀 있었어! 이들은 타이완을 기점으로 샤먼, 진먼, 광둥 등의 지역을 공격하고, 중국 대륙을 중심에 두고 그 주위를 돌았어. 나중에 정지룡은 해적질에서 싹 손을 씻고 해상 경찰이 되지. 이들은 상선을 호위하고 보호료를 받았는데 1년 수입이 무려 은자 1,000만 냥에 달했어.

타이완 해협을 장악한 정지룡

정지룡은 군대를 거느리고 타이완 해협 일대를 자신의 손안에 두고 돈과 세력을 가졌어. 군벌 같았던 거지. 더 나아가 그는 고향인 취안저우 근처에 성을 쌓고 자신이 다스렸지. 마침 이때는 조정이 매우 부패하고 명나라가 쇠약하던 때였어. 그래서 정지룡의 선단이 타이완 해협을 거의 장악했어도 명나라에서는 투항하면 관직을 주겠다고 그를 달래기만 했어. 당시 타이완 남쪽을 점령했던 네

17세기 중국 남동 해안과 타이완

이해득실을 저울질해 본 후, 나는 명나라 조정의 제안을 받아들였소. 해적질을 관두고 명나라에 투항한 거지. 샤먼을 근거지 삼아 우리 해군의 힘을 계속 키웠소.

➡ 정지룡

덜란드도 정지룡을 두려워해서 통상 조약을 체결했지.

정지룡의 세력이 가장 왕성했던 시기, 푸젠 지역에 기근이 잇달아 들었어. 굶어죽은 백성이 들판에 즐비하게 되자 푸젠 관리가 원조를 요청해. 정지룡은 네덜란드와의 관계를 구실로 농사 지을 푸젠 농민 수만 명을 관청 소유의 배에 태워 타이완으로 데리고 오지. 그리고 그들에게 소와 은자를 나눠 줘. 이로써 타이완에 이주한 한인의 수가 크게 늘어났어.

명나라가 멸망하자 정지룡은 만주족이 세운 청나라에 투항했어. 그러나 청나라는 정지룡과 그 가문이 이룬 것을 모조리 빼앗았어. 정지룡의 아들인 정성공은 명나라에 보답하고 가족의 복수를 위해 청나라에 저항하기로 마음을 굳혀.

◀ 17세기에 유럽인이 그린 지도인데, 타이완, 펑후, 푸젠, 광동 등이 표시되어 있어. 당시에 정지룡은 진먼과 샤먼(붉은색 동그라미 부분)을 거점으로 대규모 함대를 창설해 중국, 일본, 동남아시아 등지로 물품을 운송했어.

✦ 바다 위의 천하무적, 정지룡 ✦

푸젠성 취안저우 난안 사람이야. 원래 이름은 정일관인데, 안사제의 뒤를 이어 두목이 된 후, 스스로 '지룡'으로 이름을 바꾸었어.

어려서부터 무예를 익혔고, 장난기가 많으면서도 대단히 총명했어. 18세에 아버지의 첩과 사랑에 빠져 가문에서 쫓겨난 후 광저우로 가서 외삼촌에게 의지해 지냈어. 그러다 다시 마카오로 가서 지내다가 마침내 일본으로 건너가. 그리고 일본인과 결혼하고 아이를 낳아. 바로 정성공이야.

대항해 시대

15, 16세기 이후 나침반이 발명되자 망망대해에서도 방향을 잃지 않게 됐어. 수많은 탐험가가 더 멀리까지 배를 타고 용감히 나아갔지. 계속 가다 보니 아프리카, 아시아, 아메리카에 다다르고, 심지어는 오세아니아주까지 갔어! 이 대단한 탐험의 시대가 바로 '대항해 시대'야('지리상의 대발견'이라고도 해).

향신료를 찾아서

맞춰 봐, 유럽인이 배를 타고 탐험에 나선 이유가 뭘까? 진짜 후추를 찾아 나선 걸까? 맞아. 후추가 중요한 이유 중 하나야. 당시 항해 지도에는 각종 향신료가 함께 그려진 경우가 많았어. 이때는 냉장고가 없어서 생선과 고기는 모두 바람에 잘 말려서 소금에 절여야 오래 두고 먹을 수 있었어. 그러다 보니 향신료가 빠질 수 없었지. 향신료는 유럽에서 귀하기가 이를 데 없었어. 향신료는 모두 저 먼 인도나 인도네시아에서부터 배를 타고 건너온 수입품이었으니까.

⬇ 포르투갈의 대범선인 카라크선이야.
돛대가 3~4개나 되는 큰 배야.

➡ 400~500년 전 후추 같은 향신료는 유럽에서 황금보다 더 귀한 물품이었어. 이 당시만 해도 향신료는 열대 지역, 특히 동남아에서만 자랐거든. 유럽인은 향신료 외에도 아시아의 비단과 도자기도 갖고 싶었어. 대범선이 줄줄이 바닷길로 나가면서 파란만장한 대항해 시대가 열려.

그런데 하필 14, 15세기에 이슬람 세력이 중동 지역을 차지하고 유럽 상인들이 이곳을 못 지나가게 했어. 후추나 정향을 넣지 않으면 햄, 소고기, 훈제 생선은 얼마나 맛이 없는데! 육로가 막혔으니 바다를 건너가는 방법을 생각할 수밖에.

제일 먼저 항로를 개척한 포르투갈과 스페인

포르투갈과 스페인은 처음으로 탐험가를 바다로 보낸 해상 강국이야. 네덜란드, 영국, 프랑스가 그 뒤를 따랐지. 스페인의 콜럼버스(1451~1506)는 아메리카 신대륙을 발견했고, 포르투갈의 마젤란(1480?~1521)은 배를 타고 지구를 한 바퀴 돌아서 지구가 둥글다는 것을 증명했어. 대항해 시대에는 인류의 생활을 바꾸어 놓은 큰 사건들이 많이 일어났던 거야.

새로운 항로를 발견한 유럽 국가들은 해상 무역으로 엄청난 돈을 벌어들여. 곧 이 국가들은 극성스레 아시아, 아프리카, 아메리카의 땅을 빼앗아 점령했고 수많은 지역을 식민지로 만들어 버렸지. 유럽 강국이 부유해질수록 아프리카와 아메리카의 나라들은 비참한 상황에 내몰렸고, 한 번도 겪어 보지 못한 대재난을 맞닥뜨리게 돼.

대항해 시대로 인해 전 세계로 통하는 길이 완전히 열렸고, 인류의 역사도 다시 쓰이게 됐어.

➡ 포르투갈은 왕자인 엔리케의 적극적 후원에 힘입어 해외 원정과 해상 무역을 시작해. 엔리케는 대항해 시대를 개척한 사람 중의 하나로 꼽히지.

'홍모번'이 타이완을 통치하다

네덜란드인 수백 명이 화승총과 대포를 앞세워 선주민과 한인을 정복했어. 네덜란드는 스페인과 싸워 이겨 그들마저 내쫓고 타이완을 통치한 첫 '정부'가 되었지. 이때부터 타이완은 네덜란드가 아시아에 세운 거대한 회사와도 같았어. 사탕수수와 사슴 가죽을 도맡아 수출하며 네덜란드인 사장에게 큰돈을 벌어다 줬어.

✦ 홍모번 ✦

'홍모'는 붉은 털이라는 뜻으로 머리털의 색깔을 가리켜. '번'은 오랑캐라는 뜻이고. 그러니 홍모번은 '붉은 머리의 오랑캐'라는 뜻이야. 전통 시기 중국에서는 외국이나 소수 민족을 '번'이라고 불렀어. 이 시기 타이완인은 네덜란드인을 '홍모번'이라고 불렀어. 반면 싱가포르와 말레이시아에서는 영국인을 '홍모번'이라고 불렀지. 홍모는 중국어 발음으로 '홍마오'야.

질란디아성은 현재 타이난의 안핑구바오야. 안핑구바오는 안핑에 있는 옛날 요새라는 뜻이지. 네덜란드인이 타이완을 점령했을 때 만든 성으로 무기가 설치된 요새야.

한번 맞춰 봐, 제일 처음 타이완섬을 다스린 건 누구일까?

17세기까지 중국은 관리를 파견해 타이완을 다스린 적이 없어. 타이완은 별천지와도 같았지. 선주민은 각기 땅을 나누어 왕을 세우고, 각 부족 족장이 명령을 내리면 부족민들은 그대로 따랐어. 그 어느 누구도 다른 누군가를 통치하지 않았어.

놀랍지! 타이완을 처음으로 다스린 사람, 그러니까 '정부'를 만들어 세금을 걷은 사람은 중국 황제도 아니고 선주민의 부족장도 아니야. 바로 먼 유럽에서 바다를 건너온 네덜란드인이야!

어떻게 그럴 수 있냐고? 시간 여행을 떠나 보자고.

✦ 스페인과 타이완 북부 ✦

스페인도 타이완을 점령했었어. 1626년, 스페인이 타이완의 서랴오섬(지금의 지룽과 핑섬)을 공격해서 산살바도르성을 지었어. 얼마 후 스페인은 타이완 북부와 동북부를 점령했고, 천주교도 이들을 따라 타이완으로 들어왔어. 이 시기 지룽은 필리핀과 푸젠이 바닷길로 무역을 하는 것을 중개하는 무역항으로 크게 번성했어. 스페인은 타이완 북부를 16년간 통치했지만 네덜란드에게 쫓겨났어.

⬆ 1626년 스페인 사람이 그린 지룽과 단수이

⬆ 약 400년 전, 네덜란드인이 타이완에 질란디아성을 지어.
이 성은 당시 배가 무수히 드나드는 국제적인 항구였어. 뿐만 아니라 네덜란드가 아시아와 중개 무역을 하는 데 중요한 기지였어.

↑ 1599년, 네덜란드 함대가 암스테르담 항구로 들어오는 광경이야. 이 당시 신비로운 동양에서 비단과 도자기를 사서 유럽에 되팔면 이윤이 엄청나게 많이 남았어. 네덜란드 상인은 이 기회를 놓치지 않았지. 3년 후, 이들은 네덜란드 연합 동인도 회사를 만들어 세계 각지에서 장사를 해.

✦ 네덜란드 연합 동인도 회사 ✦

타이완을 점령한 네덜란드인은 네덜란드의 정규군이 아니었어. 이들은 정부와 상인이 공동으로 경영한 '네덜란드 연합 동인도 회사'로, 총본부를 인도네시아 자카르타(당시에는 바타비아라고 불렀지)에 설치했어. 대항해 시대에 상인이나 귀족은 해외에서 큰돈을 벌고 싶어 했어. 네덜란드 정부는 이들이 연합하여 '네덜란드 연합 동인도 회사'를 만들라고 하고, 대외적으로 국가를 대표하도록 해 줬지.

펑후와 타이완을 잇달아 점령하다

17세기 유럽은 세계 최강의 함선과 대포를 가지고 있었어. 이 당시 강대국인 포르투갈, 스페인, 네덜란드는 필사적으로 세계 각지에 함대를 파견했어. 무력으로 점령해 새로운 영토로 삼고 돈 벌 기회를 찾았어.

네덜란드는 인도네시아의 자바섬을 점령했어. 이어 펑후에 대한 공격을 계획했고, 1622년 점령했지. 2년 후 명나라가 펑후에서 네덜란드인을 내쫓았지만, 이들은 타이완으로 방향을 틀어 타이난의 안핑을 점령한 거야.

타이완에 상륙한 네덜란드인은 한인과 선주민

➡ 네덜란드 연합 동인도 회사의 중요한 이동 수단이었던 대범선이야. 선체가 크고, 물에 깊이 잠기며 화물을 많이 실을 수 있어. 이 당시 무역을 하러 다니는 상선은 총과 대포를 갖추어 해적을 비롯한 만약의 사태에 대비했어.

을 연달아 투항시켰어. 1642년에는 스페인을 격퇴해 타이완 북부에서 몰아내고, 네덜란드 장관이 타이완의 첫 번째 왕으로 등극해. 네덜란드가 타이완섬 전체를 지배하게 된 것이지.

타이완에 거주하는 네덜란드인은 1,000명에 불과했어. 그런데 이들이 어떻게 타이완섬을 통치할 수 있었을까?

이 당시 선주민은 10만여 명이었지만 각기 흩어져 살았고, 그들의 무기는 활과 화살뿐이었어. 그러니 장총과 대포로 무장한 '붉은 머리의 외국인'을 이길 수 없었지. 한인은 서로 다른 지역 출신으로 저마다 세력은 있었지만 공동의 지도자가 없었어. 그러니 이들도 네덜란드인을 따를 수밖에 없었어.

✦ 타이완을 내주고 펑후를 되찾다 ✦

펑후와 타이완은 가까이 있지만 그 역사는 매우 달라. 타이완이 오랜 시간 선주민들의 섬이었던 반면, 펑후는 일찌감치 한인의 섬이었어. 펑후에는 1000여 년 전인 당나라 말엽에도 이미 한인이 살았어. 남송 때가 되면 펑후의 한인은 물고기를 잡고 농사를 지으며 살아갔지. 펑후는 원나라 세조 때에 정식으로 중국의 영토로 편입됐어.

1604년 네덜란드인이 처음으로 펑후에 도착하자 명나라 장군 심유용이 이들을 쫓아냈어. 1622년 네덜란드인이 또다시 펑후를 점령하자 명나라는 1만 명이 넘는 대군을 파견해 결국 이들을 몰아냈지. 네덜란드인은 근거지를 타이완으로 옮겼어. 명나라 때에 중국은 타이완의 중요성을 알지 못했고 영토로 여기지 않았어. 기꺼이 타이완을 내주고 펑후를 되찾았던 거야.

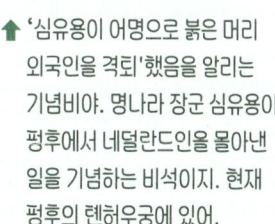

⬆ '심유용이 어명으로 붉은 머리 외국인을 격퇴'했음을 알리는 기념비야. 명나라 장군 심유용이 펑후에서 네덜란드인을 몰아낸 일을 기념하는 비석이지. 현재 펑후의 톈허우궁에 있어.

무력에 종교가 가세하여 네덜란드 통치가 점차 공고해지다

네덜란드인은 총과 대포로 위협했을 뿐 아니라 종교로 선주민을 복종시켰어. 하느님의 이름을 빌려 기독교 선교사들이 지방관을 보좌했고, '장로'라는 명목으로 선주민 부락을 다스렸어.

선교를 위해 네덜란드인은 알파벳을 사용해 자신들의 언어를 선주민에게 가르쳤고 학교도 세웠지. 일부 선주민 부락은 부락민 모두가 세례를 받기도 했어. 기독교가 선주민의 마음에 성공적으로 파고들었던 거야.

17세기 질란디아성

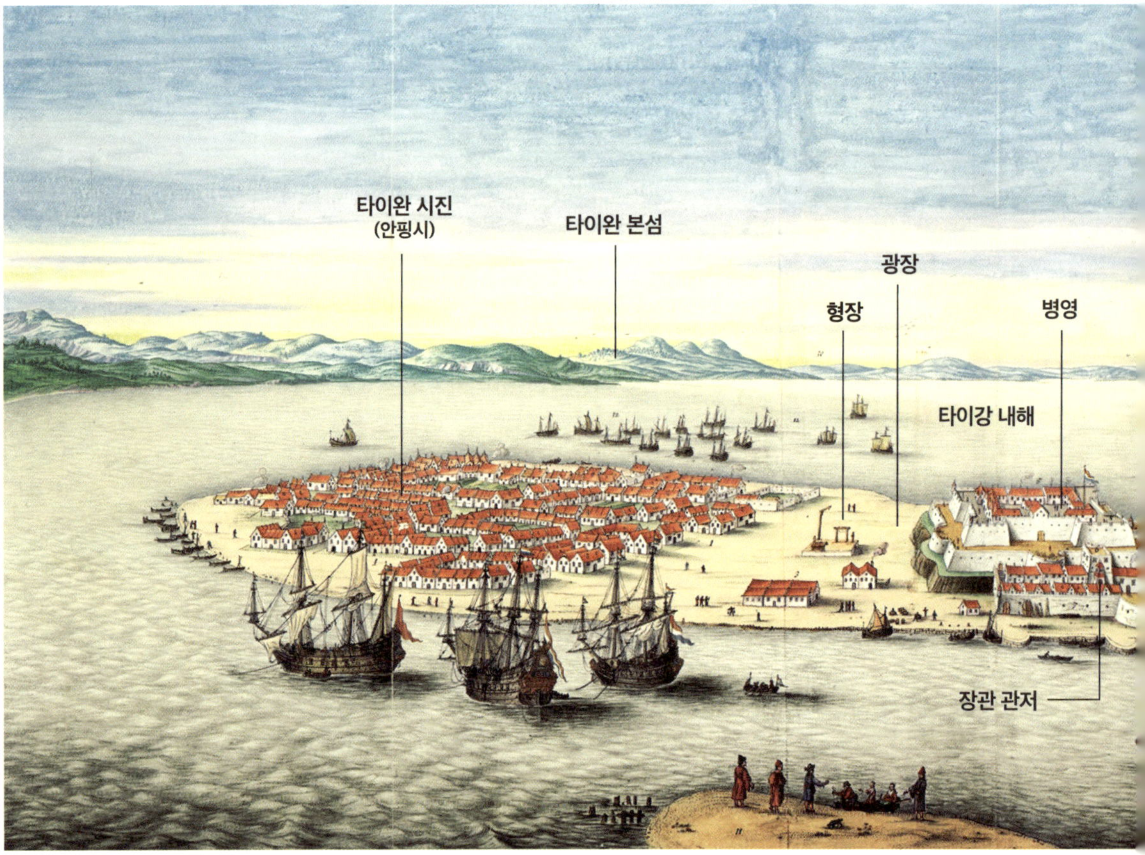

⬆ 네덜란드는 38년간 타이완을 통치했는데 타이완 남부가 주 무대였어. 지도에 타이완 시진라고 표시된 곳이야. 지금의 타이난 안핑이지. 대포가 설치된 질란디아성을 비롯해 한인이 거주하던 지역인 시진이 있지. 지도를 봐 봐. 이 당시 타이강 내해에는 아직 토사가 쌓이지 않아서 강 안팎으로 배들이 즐비해. 해안가의 일꾼들이 짐을 부리고 있네.

　네덜란드인이 타이완을 점령한 이유는 돈을 벌기 위해서야. 처음에는 타이완을 해상 무역의 발판으로만 여겼어. 그런데 타이완의 풍부한 자원을 개발하면 돈을 더 많이 벌 수 있다는 것을 알았지. 네덜란드 장관은 토지를 몰수하여 동인도 회사의 소유로 만들었어. 그런 후에 종자와 농기구를 제공하고 푸젠에서 농민 수만 명을 데려와 본격적으로 사탕수수와 벼를 재배해.

　네덜란드인은 수확량을 늘리려고 한인을 독려해서 푸젠, 펑후의 물소와 황소를 타이완으로 데리고 오게 해. 이때부터 소는 타이완 농가에서 가장 중요한 가축이 되었지. 논농사는 물론이고, 설탕 공장에서 롤러로 사탕수수를 으깰 때처럼 힘들고 고된 일에는 거의 대부분 소의 힘을 빌렸어.

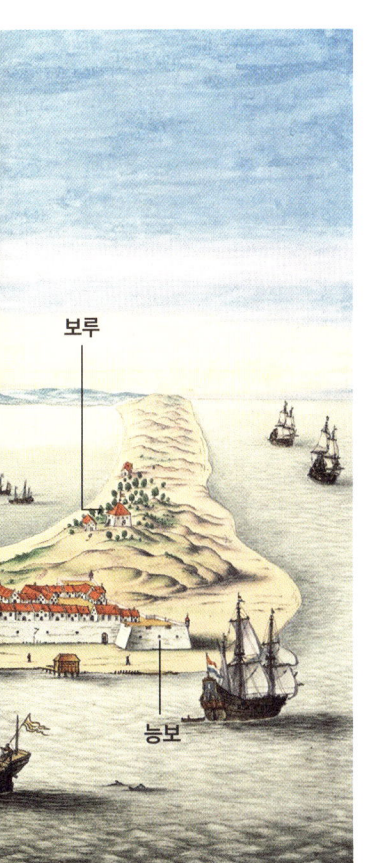

보루

능보

✦ 선주민 문자 ✦

네덜란드 선교사들은 선주민에게 『성경』을 읽히려고 알파벳을 사용해 선주민 언어(예를 들면, 시라야어)의 발음을 옮겼어. 이렇게 표기하는 것을 병음 문자라고 하는데, 선주민이 자신의 말을 기록하는 수단이 되었지. 청나라 중엽에는 집과 토지 문서, 일상적인 장부 기록에 이 병음 문자를 사용해. 이런 종류의 병음 문자로 쓰여진 계약서는 신강 선주민 마을에 가장 많이 남아 있어. 후대 사람들은 이것을 '신강 문서'라고 불러. 타이완 선주민이 문자를 사용했다는 증거야.

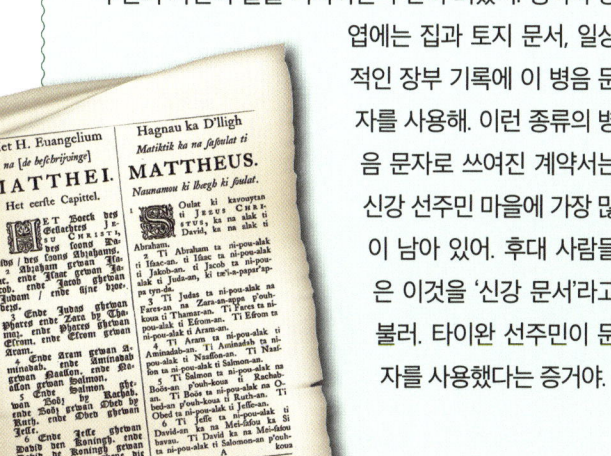

⬆ 타이완 선주민에게 읽히던 『성경』이야. 오른쪽 페이지가 병음 문자, 바로 신강 문서야.

설탕과 쌀, 사슴 가죽을 수출하다

네덜란드인은 선주민에게 사슴을 대량으로 사냥하게 했어. 당시 네덜란드가 수출한 사슴 가죽이 1년에 무려 20만 장이었다는 기록이 있어. 타이완섬에 살던 야생 꽃사슴 100만 마리는 겨우 20~30년 만에 모조리 사냥 당해 거의 멸종돼.

17세기 네덜란드 동인도 회사의 무역도

중국에서는 생사(삶지 않은 명주실), 실크로 만든 견직물, 도자기를 생산해. 필요한 것은 백은, 향료와 염료야.

중국

일본에서는 백은을 생산해. 필요한 것은 생사와 견직물, 사슴 가죽이야.

일본

인도의 코로만델에서는 면직물을 생산해. 반드시 황금과 교환했어.

샤먼

마카오

질란디아성

사슴 가죽을 생산해.

인도의 구자라트에서는 면직물을 생산해. 반드시 백은과 교환했어.

구자라트 인도

코로만델

유럽에서 필요한 것은 향료, 견직물, 도자기와 황금이야.

수마트라

바타비아

수마트라 등지에서는 향료와 염료를 생산해. 면직물로 교환할 수 있었어.

↑ 300년 전, 동아시아 무역 네트워크야. 타이완이 중요한 중개 무역지지. 네덜란드 동인도 회사 직원이라고 상상해 봐. 각 지역의 특산품과 수요를 파악해 중간에서 이윤을 남기고, 마지막에는 유럽으로 향료와 견직물과 도자기를 가지고 갈 거야. 선박이 어떤 순서로 이동해야 할까?

이 시기 타이완은 거대한 기업 같았어. 사장은 네덜란드 장관이고 선주민과 한인이 직원이야. 직원은 월급을 쥐꼬리만큼 받으면서 세금까지 내야 했지. 셈에 밝은 네덜란드인은 설탕과 사슴 가죽은 일본을 비롯한 다른 나라에 팔고, 쌀은 중국에 내다 팔았어. 네덜란드가 통치하면서 거친 바다 위의 섬, 타이완은 수출 무역의 중개지로 변했어.

네덜란드인은 타이완에서 은자를 엄청나게 벌어들여. 그리고 대부분을 네덜란드로 가져가. 타이완에 필요한 것을 만들고 짓거나, 타이완 사람을 행복하게 해 주는 데는 이 돈을 쓰지 않았어.

✦ 숫자로 타이완을 관리하다! ✦

타이완에 파견된 네덜란드 장관은 매년 반드시 동인도 회사에 보고서를 제출해야 했어. 그래서 타이완의 인구, 경지 면적, 포획한 사슴의 수, 수출한 설탕의 양을 수시로 조사했지. 타이완을 보다 더 정확하게 파악하려고 방방곡곡 구석구석까지 사람을 파견해 정밀한 지도를 만들었어. 현재 네덜란드 헤이그의 공문서 보관소에 이 당시의 조사 보고서와 지도가 남아 있어.

이 기록들은 상당히 자세해. 근대 국가가 나라를 다스리는 토대를 일찌감치 타이완에 마련한 셈이지. 동시에 이 기록들은 타이완을 이해하는 중요한 자료가 되고 있어.

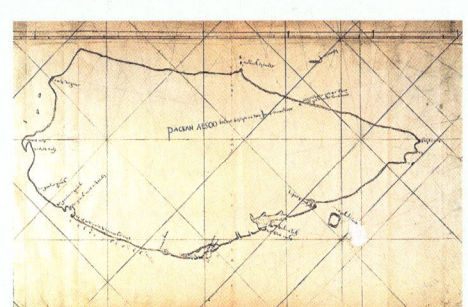

◀ 1625년 네덜란드인이 만든 타이완 지도야. 타이완섬을 비교적 정확하게 그린 첫 번째 지도지. 타이완이 작은 섬 세 개로 쪼개져 있지 않고 제대로 그려져 있어.

'붉은 머리 성'이라고 부르는 까닭은 뭘까?

옛날에 한인은 네덜란드인이나 유럽인을 홍모번, 그러니까 '붉은 머리 외국인'이라고 불렀어. 그들이 만든 요새는 '붉은 머리 누각', 성은 '붉은 머리 성', 항구는 '붉은 머리 항구'라고 불렀지. 현재는 가오슝에 붉은 머리 항구가 하나 있고, 타이난에 안핑구바오와 츠칸러우가 있어. 옛날에는 이것을 모두 홍마오청, 그러니까 '붉은 머리 성'이라고 불렀어. 신베이의 단수이에도 홍마오청이 있어. 스페인이 처음 만들었고 나중에 네덜란드가 개축했어.

질란디아성

네덜란드인은 타이완에 도착한 후, 현지에서 구할 수 있는 재료, 예를 들면 좁쌀과 굴 껍질, 당밀로 시멘트를 만드는 방식으로 안핑에 견고한 요새를 지었어. 처음에는 '오렌지성'으로 불리다가 나중에는 '질란디아성'으로 부른 곳이 바로 지금의 안핑구바오야. 네덜란드 장관이 이곳에 주둔했어. 질란디아성은 타이완의 첫 행정 수도인 셈이야. 이 성은 당시 모래톱에 위풍당당하게 서 있었고, 사방이 바다였어. 대포가 줄지어 타이완 해협을 향해 있고, 지금의 타이난과는 '타이강 내해'를 사이에 둔 채 떨어져 있었지. 정성공은 네덜란드인을 몰아낸 후 질란디아성의 이름을 '안핑진'으로 바꿨어. 그리고 식솔을 데리고 거기에서 살았지.
청나라 때에는 질란디아성이 화약고가 되어 전쟁이 일어났고, 영국 배의 대포 폭격으로 이 성은 쑥대밭이 됐어. 지금은 더 이상 질란디아성을 볼 수 없어.

⬆ 이 당시 질란디아성은 바다에 둘러싸인 채, 모래톱에 위풍당당 서 있었어.

⬆ 이제 질란디아성은 옛날에 세웠던 성벽만 남아 있지만 벽면에서는 네덜란드 건축의 특징인 철전도가 남아 있어. 철전도는 건물의 대들보와 벽을 고정하는 데 사용한 철가위야.

프로빈티아성

네덜란드인은 질란디아성과 타이강 내해를 사이에 두고 마주한 츠칸 해안에 '상관'을 몇 채 지었어. 상관은 특히 외국인이 경영하는 상점을 이르는 말이었어. 오가는 상인들은 이 상관에서 무역을 할 수 있었지. 1652년 네덜란드 동인도 회사는 자신들의 부당한 처사에 분노해 일어난 농민 반란인 '곽회일 사건'을 평정하고 이듬해인 1653년, 츠칸에 견고한 요새를 지었어. 이것이 '프로빈티아성'이야. 정성공은 타이완에 온 후, 이 요새의 이름을 '승천부'로 바꿨어. 여기가 지금 타이난에서 유명한 '츠칸러우'야. 현재 남아 있는 츠칸러우는 네덜란드식이 아니라 중국식 건축물이야. 청나라 때 지진이 발생해 츠칸러우가 무너졌고, 이후 다시 세웠기 때문이지.

↑ 옛날 프로빈티아성의 모습

↑ 지금의 츠칸러우

단수이의 홍마오청

1629년 스페인이 타이완 북쪽의 단수이에 '산토도밍고성'을 세웠어. 네덜란드는 스페인을 몰아낸 후 1644년 이 건물을 다시 짓고 '안토니 요새'라고 불렀어.

청나라 말엽, 영국은 타이완에 개항을 강요했고, 단수이의 홍마오청을 자국의 영사관으로 삼아 영구적으로 조차할 심산이었지. 조차라는 건 일정 기간 동안 그 나라에서 일부 땅을 빌려서 쓰는 거야. 지금의 단수이 홍마오청은 대부분 영국이 새로 짓거나 고쳐 지은 거야.

1950년 타이완이 영국과 교류 관계를 끊은 후에도 영국은 단수이에서 떠나지 않았어. 30년간의 교섭 끝에 1980년, 타이완은 단수이의 홍마오청을 정식으로 되찾아 국기를 꽂게 됐어.

➡ 중화민국 국기가 마침내 단수이 홍마오청에 펄럭이게 됐어.

슈퍼맨 정성공

정성공이 아니었다면, 아마 타이완은 수백 년 동안 네덜란드의 식민지였을 거야…….
정성공은 타이완 발전에 깊이 관여했지.
도대체 이 당시 무슨 일이 있었는지 얼른 떠나 보자고.

← 정성공

정성공은 타이완에 정말 대단한 영향을 미쳤어. 그는 네덜란드인을 몰아냈고, 유학에 기반한 제도를 정식으로 도입해서 타이완에 중국 문화가 뿌리내리고 싹트게 했어. 정성공 때문에 만주족인 청나라 황제는 타이완을 청나라의 영토로 만들어 버렸어. 타이완이 한인의 반란 거점이 되는 걸 두고 볼 수 없었던 거지.

타이완의 운명이 어쩌다 이렇게 달라진 걸까?

1644년 북방의 만주족이 청나라를 세우고 중원으로 쳐들어와 중국을 통치하게 됐어. 정성공은 아버지 정지룡에게 청나라의 회유에 넘어가지 말라고 말했지. 그렇지만 푸젠 일대에서 힘을 떨치던 정지룡은 자신이 쌓아 올린 것을 지키고자 싸워 보지도 않고 청나라에 투항해. 그런데 청나라 조정은 그를 베이징에 감금하고 남쪽에 있는 그의 재산도 모두 빼앗아 버려. 정성공의 어머니는 울분에 차서 자결하고 말지……

✦ 정성공을 '국성 나리'라고 부르는 까닭은? ✦

정성공은 젊은 시절 이름이 정삼이었어. 청나라 군대가 관문을 넘어 중국으로 쳐들어오자 명나라 숭정 황제는 자살해 버려. 정지룡은 푸저우에서 명나라 황실의 후손인 당왕 주율건을 새 황제로 받들어 세웠어. 당왕은 정지룡의 아들인 정삼을 몹시 아껴서 명나라 황제의 성씨인 '주' 씨를 그에게 내려주고, 이름도 '성공'으로 바꿔 줬지. 황족의 성을 국성이라고 하는데, 당시 사람들은 존경하는 의미에서 정성공을 '국성 나리'라고 부른 거야.

기강이 바로 선 해상 대군을 만들다

당시 23살이었던 정성공은 비통하기 그지없었어. 그는 공자를 모신 사당으로 가서 공자의 위패 앞에서 통곡하며 서생의 옷을 불태웠대. 명나라와 가문의 복수를 위해 문인으로서의 삶을 버리고 무인의 길을 가겠다는 결심을 표명한 거지. 이후 그는 열서(지금의 샤오진먼), 샤먼과 난아오로 도망쳐서 뜻한 바대로 끝까지 청나라에 저항했어.

맨 처음에는 정성공에게 돈도 부하도 별로 없었지. 자원해서 따르는 사람이 겨우 90여 명 남짓이었으니까. 그러나 어려서부터 남달리 총명했던 정성공은 군대의 기강을 세우고 강한 의지력으로 실력을 쌓아 갔어. 전쟁 준비를 완벽하게 마쳤을 때, 그 군대가 수십만 명이고, 전함은 수천 척에 이르렀어. 그러니 청나라로서는 남쪽에 큰 골칫거리가 생긴 거지.

⬆ 정성공은 공자의 초상 앞에서 유생의 옷을 불태웠어.

↑ 18, 19세기의 그림이야. 당시 일본 나가사키를 오가던 상선을 그렸어. 그림 오른편에 있는 배가 네덜란드에서 온 것이고, 한가운데와 왼편에 있는 배가 중국 상인의 배야. 정성공도 아마 이런 종류의 배를 가지고 있었을 거야.

타이완을 근거지로 삼다

정성공은 진먼과 샤먼, 두 섬을 차지하고 대부분의 시간을 거기서 보냈어. 청나라 군대는 그를 격퇴하지 못했고, 오히려 정성공이 기습 공격했지. 깜짝 놀란 청나라가 군사를 대거 모으자, 정성공은 다시 진먼과 샤먼으로 돌아왔어.

북방 정벌에 실패하고 정성공은 장기전을 신중히 계획했어. 때마침 네덜란드어 통역사인 하빈이 빚쟁이를 피해 타이완에서 샤먼으로 도망을 왔지. 그는 타이완섬이 얼마나 비옥하고 풍요로운지 대대적으로 선전하며 타이완 지도를 정성공에게 바쳤어. 정성공은 대단히 좋아하며 부하 장수들을 소집해 타이완을 정벌해 근거지로 삼겠다고 했어.

✦ 정성공은 ✦ 중국인일까, 일본인일까?

정성공 가문 족보에는 어머니의 성이 옹 씨로 나와. 그런데 민간 전설이나 일본 문헌에는 정성공의 어머니는 일본인이라고 하지. 정성공의 아버지인 정지룡이 젊은 시절 집에서 쫓겨나 배를 타고 일본으로 갔고, 2년도 못 되어 일본인 다가와 씨를 아내로 맞아. 다가와 씨가 아이를 갖자마자 정지룡은 일본에서 알게 된 안사제를 따라 급히 타이완으로 오지.

정성공은 일본에서 태어나 줄곧 어머니와 함께 일본 해변가에서 살았어. 정성공이 7살 때, 아버지가 그를 푸젠으로 데리고 와. 아버지는 정성공의 일본 이름인 '후쿠마쓰'를 '삼'으로 바꾸고 유학 교육을 하게 되지.

1661년 늦봄, 정성공은 2만여 명의 사람들과 400여 척의 배를 거느리고 진먼 랴오뤄만을 출발해서 루얼먼 수로에 도착해. 이 수로는 질란디아성에서 북쪽으로 3킬로미터 떨어져 있지.

이 당시 질란디아성을 점령한 네덜란드는 모든 대포를 바깥쪽 바다를 향해 두고 있었어. 적을 막으려고 말이야. 그런데 질란디아성 북쪽, 수심이 얕은 루얼먼 수로에 밀물이 들어차자 배 수백 척이 우르르 몰려들었어. 그날은 안개가 짙어서 정성공의 군함이 뺑 둘러 포위하고 있다는 것을 전혀 눈치채지 못했어.

정성공의 타이완 대전

↑ 1661년, 정성공은 루얼먼 수로를 통해 타이강 내해로 쳐들어와 그해 5월에 프로빈티아성을 공격해. 네덜란드는 타이완 시진에 먹을 것을 하나도 남겨 두지 않는 것으로 응수했지. 정성공과 네덜란드인이 이렇게 9개월을 대치했어. 1662년 1월, 정성공이 라이커우와 바다에서 질란디아성으로 대포를 쏴. 질란디아성은 맹렬한 공격에 허물어지고 네덜란드인의 믿음도 함께 무너져. 이틀 후, 네덜란드인은 투항했지.

1662년, 네덜란드인이 타이완을 떠나다

정성공은 프로빈티아성을 점령하고 그곳을 거점으로 삼아 질란디아성 공격을 준비해. 그는 장기적인 포위전을 선택하지. 1662년, 9개월간 포위를 당한 네덜란드군의 사기가 땅에 떨어졌다는 정보를 듣고, 정성공은 집중 공격을 명령했어. 대포 30개가 맹렬하게 포탄을 퍼붓자 마침내 네덜란드인이 항복을 했어. 38년에 걸친 타이완 식민 통치도 막을 내리게 돼. 정성공은 본거지를 타이완으로 옮기고 정씨 왕조를 세워. 이 왕조는 23년 동안 지속되었지. 타이완 역사의 새로운 페이지가 열린 거야.

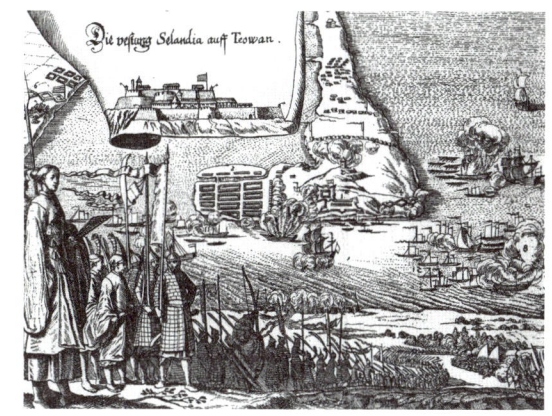

↑ 300여 년 전 지도야. 정성공의 군대가 프로빈티아성을 함락한 후, 베이센웨이에서 네덜란드인을 공격하는 모습이야. 왼편 아래쪽이 정성공 군대이고, 오른편 바다에는 정성공의 군함과 불이 붙어 침몰하는 네덜란드 배가 있어.

✦ 해금으로 사람들이 굶어 죽다 ✦

같은 시기에 청나라는 정성공을 견제하기 위해 강력한 '해금' 정책을 펴. 바다로 나가는 것을 금지한 거지. 정씨 가문과의 무역을 막으려고, 청나라는 '나무판자 한 장도 바다에 띄울 수 없다'는 규정을 만들어. 더욱 터무니없는 것은 '천계' 정책이야. '천계'는 국경선을 옮긴다는 뜻으로 바다와 바닷길을 모두 막아 버리는 거야. 중국의 북동 해안 지역인 산둥에서부터 남동 해안 지역인 광둥까지 바닷가에는 사람이 살지 못하도록 한 거야. 바닷가에 살던 백성은 모두 내륙으로 약 12킬로미터 정도 들어온 곳으로 이사를 해야 했어. 이사를 하지 않으면 집을 불태워 버렸어.
바다에 기대 먹고살았던 사람들이 물고기도 잡을 수 없고 배를 띄워 무역을 할 수도 없었어. 이때 굶어 죽은 사람들이 100만 명이 넘었다고 해! 어쩔 수 없이 많은 사람들이 위험을 무릅쓰고 바다를 건너 타이완으로 갔어.

⬇ 네덜란드인이 타이완을 떠났어. 정씨 가문은 병사들의 식량 문제를 해결하고, 청나라에 대항할 힘을 비축하기 위해 병사들에게 타이완 땅을 개간하도록 해.

정경이 왕위를 계승하고 동녕 왕조를 세우다

일은 뜻대로만 풀리지는 않는 법. 정성공이 타이완을 공격하는 동안 충격적인 소식이 연달아 날아들어. 청나라가 베이징에 있던 아버지 정지룡을 참수했다는 거야. 정성공이 황제로 세우려 했던 영력 황제도 윈난에서 비참하게 죽었다고 하고. 타이완을 손에 넣고 나서 얼마 되지 않아 정성공은 체력이 소진되었는지 병이 났어. 그때 겨우 39살이었어. 그러더니 타이완에 머문 지 고작 14개월 만에 세상을 떠나 버렸지.

정성공의 아들 정경이 아버지의 자리를 계승해. 정경은 본거지를 다시 샤먼으로 옮길 작정이었지만 네덜란드와 청나라의 연합 공격으로 실패해. 샤먼을 내주게 되자 정경은 하는 수 없이 무리와 말을 모두 거느리고 다시 타이완으로 돌아와. 그는 타이완을 근거지로 삼고 자칭 '동녕왕'이 돼. 정경에게는 진영화라는 신하가 있었어. 그는 정경을 보좌하는 장수로 열성을 다해 타이완을 다스렸어. 거친 땅의 개간을 장려하고, 해마다 수만 명을 중국 대륙에서 타이완으로 이주시켰어.

공자 사당을 건립하고, 과거 제도를 실시하다

진영화는 처음으로 공자 사당을 타이난에 세워. 민간에 학당을 설치해 『논어』, 『맹자』 같은 유가 경전들을 가르쳐. 인재를 발탁하기 위해 명나라의 과거 제도를 타이완에 들여와. 중국의 정치사상과 문화가 타이완에 뿌리를 내리도록 터를 다진 셈이지.

그런데 정경은 신하를 잘 다스리지는 못했어. 대신들은 이익을 위해 서로 다투고, 청나라를 공격하려던 계획이 실패하자 군대는 나날이 약해졌어. 정경이 죽자 그의 아들인 정극상이 왕위에 올라. 겨우 12살이었어. 2년이 채 지나기도 전에 청나라는 반역자 시랑을 보내 펑후를 공격해 왔어. 시랑은 정성공을 배반하고 청나라에 투항한 장군이야. 정극상은 시랑의 공격을 막을 힘이 없어 항복할 수밖에 없었지. 이로써 정씨 왕조는 23년 만에 막을 내려.

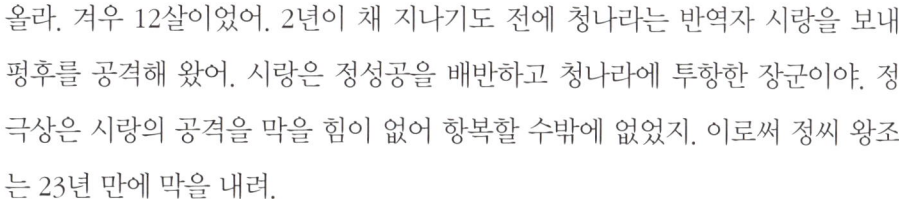

✦ 정씨 왕조가 타이완에 끼친 영향 ✦

정성공은 젊은 나이에 세상을 떠났지만 정씨 왕조는 23년간 타이완을 다스렸어. 청나라에 투항하지 않은 사람, 푸젠과 광둥 지역에서 먹고살 방법이 없었던 한인이 대거 타이완으로 와서 정씨 왕조의 백성이 됐어. 그러자 타이완에는 한인이 선주민보다 더 많아지게 됐어. 정씨 왕조는 명나라 제도와 문화도 함께 들여왔어. 타이완은 점점 더 한인 사회가 돼 갔어.

➡ 정성공을 '연평군왕'이라고도 불러. 영력 황제(계왕이라고도 해)가 내려준 이름이야. 영력 황제는 명나라 황실의 후손으로 청나라를 피해 광시 지역으로 도망가 명나라의 명맥을 이었어. 오른쪽의 사진은 현재 타이난에 있는 연평군왕의 사당이야.

타이완에 남아 있는 정성공 가문

정씨 왕조는 23년간 타이완을 통치했어. 통치 기간으로 보자면 네덜란드보다 짧아. 그렇지만 타이완에 끼친 영향은 오히려 더 커. 중국 문화를 타이완에 깊이 뿌리내리게 했고, 민간에서는 그와 관련된 전설이 무수히 유행해서 지명이 되기도 했어. 정씨 일가의 유적과 에피소드를 찾아 함께 떠나 보자고.

육지와 바다를 장악하다

전쟁에는 엄청난 돈이 필요해. 정성공은 그 많은 전쟁 비용을 어떻게 마련했을까? 정성공은 아버지 정지룡처럼 해상 상권을 장악해 돈을 벌었지. 타이완 해협을 무장 함대로 강력히 통제해서 이곳을 오가는 상선은 반드시 통행증을 사야 했어. 그러니 돈이 끊임없이 흘러들어 올 수밖에.

정성공은 은밀하게 상단도 만들었어. 육지에서는 '산오상'이라는 상단이 값비싼 비단과 도자기를 도맡아 구입해서 '해오상'이라는 상단에 넘겨. 그러면 해오상이 해외에 그 물품을 되팔아. 이렇게 정성공은 상단 간의 무역을 통해 돈을 엄청나게 벌어들였어. 정성공 군대는 장사를 구실로 여러 정보를 수집했어. 상단이 수집한 정보 덕분에 늘 승리를 거두었어.

⬆ 샤먼 구랑위에 있는 정성공 동상이야. 정지룡과 그의 아들 정성공 시대에 샤먼은 중국 남동 해안 무역의 중심지였어.

기발한 도자기 운송법

'해오상'은 도자기를 운송하기 위해 기상천외한 방법을 생각해 냈어. 도자기가 깨지지도 않고, 배로 운송하는 동안 채소도 얻을 수 있지. 물에 적신 녹두를 도자기를 담은 상자에 넣는 거야. 일정한 시간에 물을 뿌려 주면 며칠 후 녹두에서 싹이 터. 신기하게도 녹두 싹은 물을 먹고 쑥쑥 자라서 순식간에 상자를 꽉 채워. 이렇게 되면 도자기가 단단히 고정되어 깨질 걱정은 눈꼽만큼도 할 필요가 없어.

⬆ 녹두 싹으로 둘러싸인 도자기

타이완의 '제갈량' 진영화

진영화는 정성공의 두터운 신임을 받았던 신하야. 정성공이 죽고 아들 정경이 왕위를 계승하자 그를 보좌했지. 전쟁 계획을 세웠을 뿐 아니라 정씨 왕조가 타이완을 다스리는 데 힘쓴 일등 공신이야.

진영화는 제일 먼저 토지 정책을 기획해. 병사들에게는 토지를 개간하게 하고, 염전을 개간해 바닷물을 햇볕에 말려 소금을 만들라고 독려해. 벽돌 굽는 방법을 타이완에 알려 준 것도 진영화라고 해.

진영화는 20여 년간 정경을 보필했어. 안타깝게도 나중에는 정경이 간신의 말을 듣고 진영화의 병권을 빼앗아 버렸지. 진영화는 과도한 걱정으로 울화병을 앓다 세상을 떠났어. 그때 나이가 고작 39살이야. 유능한 대신을 잃은 정씨 왕조도 곧 무너지지.

⬆ 타이난 공자 사당 안에 당시 최고 교육 기관이었던 전대수학이 있어.

군인이 밭을 갈다

타이완으로 이주한 정씨 가문의 군대와 그 가족은 수만 명이 넘었어. 식량이 부족하게 될까 봐 진영화는 군대에서 각자 논밭을 일구도록 했어. 군인이 주둔하며 개간한 논밭을 '영반전'이라고 해. 현재 타이완의 지명 중에 '좌영', '신영', '유영', '임봉영' 같은 이름이 붙은 곳은 정씨 왕조 때 군대가 개간한 땅이거나 농민이 개간한 땅을 군대가 거두어들인 곳이야. 이 정책으로 수많은 병사들이 타이완에 자리 잡을 수 있었어.

⬆ 정씨 왕조가 만든 화폐인 영력통보

타이완 해협에 잠긴 애잔한 노래

청나라는 타이완이 한인 반란의 기지가 될까 봐 노심초사했어. 그래서 한인이 타이완으로 건너가 살지 못하게 막아. 그렇지만 중국 바닷가에 사는 백성들은 먹고살 길이 막막해서 죽음을 무릅쓰고 몰래 바다를 건넜어. 금지령은 사람들의 발을 묶어 둘 수 없었고, 비참한 일이 허다하게 벌어졌어…….

➡ 300여 년 전, 한인이 타이완으로 건너오는 길은 몹시 고생스러웠어. 청나라의 감시를 피해야 했고, 험난한 파도도 넘어야 했지. 10명이 떠나면 6명이 죽고, 3명만 남고 1명은 돌아온다는 말이 있을 정도였지.

마주 신이시여, 제발 지켜 주소서.

으악…… 바다가 이렇게 무서울 줄이야!

시랑이 정극상에게 승리를 거둔 후, 청나라 강희제는 새로 정벌한 타이완을 어떻게 처리할지를 두고 대신들에게 토론을 시켰어. 버려두자는 의견이 많았지만 시랑을 비롯한 몇몇 신하들은 중국의 지배하에 두어야 한다고 했어. 강희제도 이 의견을 받아들여. 그래서 타이완에 부 1개와 현 3개를 두고 푸젠성에 귀속시키기로 결정해. 이때부터 청나라 지도에 타이완이 들어갔어.

청나라는 관리를 파견해 타이완을 다스렸지만 황제는 타이완이 한인 반란의 근거지가 될까 봐 늘 우려했지. 그래서 타이완으로 이주하는 백성을 엄격히 관리하고, 타이완을 개간하는 한인은 아내와 자식 등 가족을 반드시 대륙에 남겨 두게 했지. 이런 통제 정책은 대략 100년이 지난 후에야 완전히 없어져. 그러다 보니 당시 타이완에는 한인 여성이 적었어.

✦ 시랑 ✦

원래 정성공의 부하였어. 한번은 시랑이 자기 멋대로 하다가 병사 한 명을 죽게 만들었지. 정성공은 격노했고 시랑은 벌을 피해 도망쳤어. 정성공은 시랑의 아버지와 남동생을 죽였지. 시랑은 청나라에 투항해 결국 장군이 되어 정씨 왕조를 멸망시켜. 당시 타이완의 가치를 알고 있는 사람은 소수였고, 시랑은 이들 중에서도 대단히 핵심적인 사람이었어. 그의 주장에 힘입어 청나라가 타이완을 점령하고, 제국의 지도에 처음으로 타이완을 그려 넣었던 거야. 강희제는 시랑을 '정해후'에 봉했어. 시랑은 타이완을 점령한 후, 자신의 세력을 믿고 타이완 남부와 펑후에서 부정하게 재물을 끌어모았어. 그러니 사람들은 그를 존경하지는 않았어.

⬆ 시랑 패방이야. 패방은 문짝이 없는 대문처럼 생겼어. 옛날에는 국가와 지역 사회에 공헌한 사람을 기리고 싶을 때 패방이란 걸 세웠어. 위대한 공적과 기품 있는 행실을 널리 알리려고 말이야. 청나라 황제가 시랑을 기특하게 여겨 고향인 취안저우에 세워 줬어.

마주가 타이완인의 중요한 신앙이 되다

관아에서 아무리 엄격하게 단속해도 중국 해안가에 사는 한인들은 끊임없이 타이완으로 갔어. 고향에서는 너무 가난해서 먹고살 길이 막막했거든. 타이완은 땅이 비옥하고 자원이 풍부해서 많은 사람들이 죽음을 무릅쓰고 몰래 바다를 건넜어. 강희제와 가경제가 다스렸던 100여 년간 타이완에는 한인이 100만 명이 늘었어.

✦ 청나라 초기 이민의 관리와 통제 ✦

강희제는 시랑의 건의에 따라 이민 관련 금지령을 내렸어.

- 바다를 건너 타이완섬에 가는 사람은 반드시 고향에서 허가증을 신청해야 한다. 관청의 심사를 거쳐 타이완으로 건너가도 좋다는 승인을 받아야 한다.
- 타이완섬으로 가는 사람은 누구라도 가족을 데려갈 수 없다. 이미 타이완에 거주하고 있는 사람도 타이완으로 가족을 데려갈 수 없다.

청나라는 이밖에도 한인 반란을 막기 위한 각종 규정을 만들었어. 예를 들면, 철로 만든 도구는 절대로 타이완으로 가져갈 수 없었어. 호미, 칼, 쟁기 같은 것을 녹여서 무기를 만들까 봐 우려했던 거지.

바다를 건너는 일은 쉽지 않았어. 조난 사고는 물론이고, 이민자를 배에 실어 주고 돈을 버는 선주가 큰돈을 요구했어. 심지어는 바다에 사람을 밀어 넣기도 했어. 운 좋게 타이완 해안에 내린다고 해도 관병의 검문을 피할 수 없었지. 무섭고 처참한 일이 너무 많이 일어나서 당시 한인은 타이완 해협을 '흑수구'라고 불렀어. '검은 물 도랑'이라는 뜻이야. 타이완 해협은 수심이 깊고 부유물이 많아 바다가 검은빛을 띠었거든. 바다를 건너는 사람들은 신의 보살핌을 바랄 수밖에 없었어. 마주는 이 사람들이 가장 신뢰했던 수호신이야.

푸젠 바닷가에 사는 사람들은 오래전부터 마주를 깊이 믿었어. 사람들은 대륙에서부터 위험하고 불길한 '흑수구'를 건너 타이완에 다다를 때까지 마주가 도와주기를 간절히 기원했어. 정성공조차 질란디아성을 공격할 때 향을 피우고 마주에게 제사를 올렸다고 해. 나중에는 마주를 모시는 사당도 지었고. 시랑이 정극상을 칠 때도 마주의 보살핌이 있었다는 얘기가 전해져. 타이완 공격이 성공한 후, 시랑은 마주를 '천후'에 봉해 달라고 청나라 조정에 청했어. 그래서 민간에서는 천후에게 제사를 지내.

✦ 마주의 생애 ✦

송나라 때 푸젠성 메이저우에 임목낭이라는 아가씨가 살았대. 어려서부터 온 마음으로 정성껏 부처를 모셨고 예지 능력이 뛰어났어. 그녀가 10살 때, 아버지와 오빠가 바다에 나갔는데 오빠가 재난으로 목숨을 잃을 것을 미리 알고 아버지를 구해 돌아왔지. 전설에 따르면, 임목낭이 법력을 쓸 때면 언제나 흰 옷에 긴 머리였대. 바닷가에서 등불을 들고 선박들에게 길을 안내해서 무수한 사람을 구했어. 28살에 하늘로 올라가 신이 되었고, 사람들은 그녀를 '마주'로 받들었어.

⬆ 타이완의 한인은 죽음을 무릅쓰고 타이완 해협을 건넌 사람들의 후손이야. 그들의 조상들은 바다를 지키는 마주에게 보살펴 달라고 기원했고, 타이완 한인의 공통 신앙이 됐어.

민중 봉기가 일어나다

어렵사리 타이완에 도착해도 토지를 개간하기는 쉽지 않았어. 또 당시 타이완에는 여성이 적고 남성이 많았어. 홀로 타이완에 온 남성들은 안정적인 직업이 없을 경우, 시간이 나면 모여서 술 마시고 도박을 하고 싸움질을 했어.

혈연이나 출신이 다른 집단 간에는 땅을 차지하기 위해서, 혹은 사소한 일 때문에 원수가 되기도 했어. 크고 작은 다툼이 끊이지 않았지.

그중에서도 민란이 가장 심각했지. 청나라는 해금령으로 한인의 반란을 막을 수 있다고 여겼어. 그렇지만 탐관오리가 득실거리는 상황에서 백성들의 반란은 끊임없이 일어났어. 한 기록에 의하면 "3년에 1번은 소규모 민란이, 5년에 1번은 민란이 크게 일어났다"고 해. 그중에서도 '압모왕' 주일귀는 1721년 타이완 전역을 장악하고 황제를 꿈꾸었어.

✦ '압모왕' 주일귀 ✦

주일귀는 26살에 장저우에서 타이완으로 왔어. 관청에서 자질구레한 잡일을 하다가 나중에는 오리를 키워 큰돈을 벌지. 주일귀가 오리를 잘 길들여서 사람들이 그를 '압모왕', 그러니까 '오리 어미 왕'이라고 불렀다고 해.

1721년, 타이완 지부인 왕진이 가혹한 정치와 탐욕으로 백성들의 분노와 원망을 샀어. 지부는 한 지방의 장관 같은 거야. 주일귀와 나한 각 1,000여 명이 손쉽게 타이완 성(지금의 타이난시 츠칸러우 일대)을 함락시켜.

당시 주일귀가 중국 전통 연극에 쓰는 황제 의상을 빌려 입고, 재빨리 황제의 자리에 올라 나라 이름을 '대명'이라고 선포했어. 그리고 치발령을 폐지했어. 치발령은 만주족 남성처럼 머리 모양을 변발로 하라는 명령이었어.

타이완의 독특한 풍습

명나라 후반이 되면 타이완으로 오는 한인이 갈수록 많아져. 정지룡 부자를 따라온 사람은 물론이고, 해금령이 내려지고 난 후에 몰래 바다를 건너온 사람도 있었어. 그런데 타이완에 온 한인은 대부분 남성이었지. 남성이 많고 여성이 적다 보니 타이완 사회에서는 독특한 풍습이 생겨났어.

나한각과 유응공 사당

대륙에서 타이완으로 온 젊은 남성 중에 일을 찾지 못한 사람들이 많았어. 혈혈단신인 이 남성들은 맨발로 다니며 아무 하는 일이 없었어. 부랑자처럼 싸움질을 하고 여기저기 떠돌았어. 사람들은 이들을 '나한각'이라고 불렀지.

돈 없고 직업 없고 집이 없었던 나한각은 죽어도 시신을 수습해 줄 사람이 없었지. 이를 딱하게 여긴 누군가가 작은 사당을 지어 나한각들의 유골을 함께 매장하고 제사를 지내 주었어. 사람들은 외롭게 떠돌았던 이 영혼들이 부탁만 하면 다 들어줄 것이라고 생각해서 이 사당을 '유응공 사당'이라고 불렀어. '만응공 사당'이나 '대공 사당'이라고도 불렀어.

지금도 타이완에서는 음력 7월 15일이면 이들을 위한 제사를 지내고 있어.

↑ 신베이 신좡에 있는 만응당. 다한시 가까운 데 있고 만응공에게 제사를 올려.

수양아들과 민며느리

여성이 적고 남성이 많다 보니 아이를 원하거나 집안의 일할 사람을 늘리고 싶은 사람은, 남자아이를 양자로 들였어. 남자아이가 같은 종족일 때는 양자, 다른 종족이면 수양아들이라고 했지.

또 어떤 사람들은 자신의 아들이 아내를 얻지 못할까 봐 딸을 낳은 사람에게 부탁해 어린 여자아이를 집으로 데려와 키웠어. 그리고 그 아이가 크면 며느리로 삼았는데, 이 경우 여자아이를 '민며느리'라고 했어.

타이완 번계도

백성의 불만이 오랫동안 쌓여 있던 탓에 겨우 수십 일 만에 타이완 전역에서 수십만 명의 사람들이 호응을 했어. 청나라는 몹시 긴장해서 대군을 파견했고, 주일귀의 측근들 사이에서 서로 다툼이 벌어지는 바람에 이 민란은 곧 평정되었어.

경계를 짓고 산에 들어가는 것을 막다

민란에 대응하기 위해 청나라는 봉쇄와 번계 정책을 시행했어. 선주민 부락과 한인 마을 사이에 사람이나 짐승도 넘나들지 못하도록 길고 긴 도랑을 만들어. 사람들은 이것을 '토우구'라고 불렀어. 한인은 이 도랑을 넘어 산에 들어갈 수 없었고, 이를 어기면 곤장 100대를 맞고 3년간 귀양살이를 해야 했어.

⬆ 260년 전, 청나라는 한인과 선주민 사이에 경계선을 그어 그들의 활동 범위를 구분했지. '번'은 이 당시 한인이 선주민을 부르던 말이야.

✦ **임상문** ✦

장저우 출신이야. 17살 때 부모를 따라 몰래 타이완으로 왔어. 타이중의 다리이(지금의 타이중 다리)에 자리를 잡아. 임상문은 성격이 시원시원했어. 우연히 '천지회'에 가입하고 순식간에 '총괄 두목'의 자리에 올라. 천지회는 청나라를 뒤엎고 명나라를 다시 세우려는 사람들의 비밀 조직이야. 1786년 장화의 지현은 천지회의 반란 사건을 엄중하게 처벌하려고 해.

이 정책은 수많은 사람들의 원성을 샀어. 선주민과 한인이 모두 들고일어나 불만을 표시했지. 주일귀의 난이 일어나고 80년 후에 민란이 또다시 일어나. '임상문의 난'이야.

임상문의 난은 청나라 타도를 내걸었던 반란 중에서 가장 규모가 큰 반란이었어. 청나라의 건륭제는 자신이 가장 신임하는 대장군 복강안과 10만 병사를 보냈고 결국 이 난을 평정하지.

1788년, 청나라는 마침내 대륙에 사는 백성이 가족을 데리고 타이완으로 건너갈 수 있도록 금지령을 풀었어. 혈혈단신 타이완으로 온 사람도 타이완에 호적을 두고 정착할 수 있게 됐지. 드디어 타이완으로 이주한 사람들이 이곳에서 가족을 이루고 일을 하면서 일상의 즐거움을 누릴 수 있게 됐어.

✦ 청나라 때의 타이완 선주민 ✦

청나라는 선주민이 변발을 하는지, 세금을 내는지, 부역을 하는지 등 복종하는 정도에 따라 생번과 숙번으로 분류했어. 생번은 비교적 잘 알려진 선주민으로 대부분 깊은 산속에서 살았어. 그들은 경계선을 넘어 한인 거주지로 오지 않았고, 한인도 그 경계선을 넘을 수 없었지. 청나라는 그런 생번을 단속하지 않고 내버려뒀어. 그들은 변발을 하지 않고 세금도 낼 필요 없었어. 청나라가 존속하는 200년간 자신들의 전통적인 생활 방식과 풍속을 그대로 유지했지.

반면에 숙번은 한인처럼 청나라의 통치를 받았어. 그들은 주로 평지에 거주하는 선주민이니까 '핑푸족'이라고 할 수 있겠어.

청나라의 금지령이 실시되었을 때 타이완으로 온 한인 남성들은 핑푸족 여성을 아내로 맞아들였어. 수백 년간 한인과 핑푸족 간의 결혼이 이어지다 보니 핑푸족의 일상생활은 점점 한인과 같아지고, 그들만의 풍속과 언어는 거의 사라졌지. 조상이 200~300년 전에 타이완으로 이주해 왔다면, 아마 핑푸족의 후손일 거야.

↑ 청나라 때 그려진 직공도 속 타이완 선주민의 모습이야.

청나라 때 타이완으로 온 한인들

청나라 때 한인이 많이 타이완으로 왔어. 이들은 푸젠과 광둥에서 건너온 사람들로 출신지에 따라 네 부류로 나뉘어져. 취안저우인, 장저우인, 차오저우인, 그리고 커자인이지.

혈혈단신 타이완으로 와서 고군분투하던 사람들은 사투리, 풍속, 신앙이 같은 사람을 각별히 가깝게 느껴. 그러다 보니 같은 지역에서 온 사람들이 하나둘씩 모여 집단을 형성했고, 경제적 이익을 위해 다른 지역에서 온 사람들과 종종 다툼을 벌이기도 했어.

청나라 때 타이완으로 건너온 사람들

⬆ 타이완으로 건너온 한인들은 어디에서 왔을까? 청나라 때 푸젠의 장저우, 취안저우를 비롯해 광둥의 차오저우야.

이 네 집단 간에는 땅을 차지하려고 크고 작은 싸움이 끊이지 않았어. 다툼이 최소한 100번 이상 있었고, 죽거나 다친 사람도 무수히 많았다고 해.

취안저우인

타이완으로 온 한인 중에는 취안저우 출신이 가장 많아. 송나라 때 취안저우는 세계 제일의 무역항이었어. 취안저우인은 옛날부터 장사를 할 줄 알았지. 이 당시 타이완의 중요 항구로는 세 곳이 꼽혔어. 타이난, 장화의 루강, 그리고 멍쟈(지금의 타이베이 완화)야. 모두 취안저우인이 모여 살던 곳으로 이들은 쌀, 설탕, 약재, 비단을 사고 팔았어. 취안저우인들은 상인들의 조직인 '행'과 '교' 같은 것들을 발전시켰어. 푸젠 지역에서 유행했던 고전 음악인 루강의 남관 음악도 몹시 유명해. 이것은 취안저우인이 타이완으로 가져온 것이지. 취안저우인의 수호신은 '광택존왕'과 '보생대제'야. 타이완 각지에 있는 '용산사'도 취안저우인이 세운 거야. 이 당시 취안저우인 중에는 사당이 있는 곳에 모여 사는 사람도 있었어.

장저우인

장저우인은 해상 무역에 능했고 농사도 잘 지었어. 타이완 서부의 평원, 중부의 분지와 란양 평원은 모두 이들이 개발한 곳이야. 취안저우인이 대부분 대상인이 되었다면, 장저우인은 대상인도 있지만 대지주가 된 사람이 더 많았어. 취안저우인은 대부분 도시에 모여 산 반면, 장저우인은 농촌에 흩어져 살았어.

란양 평원에서는 가자희라는 전통극이 유행했는데 이것은 장저우의 전통 공연인 '가자'가 변한 거야. 1300년 전, 진원광이 장저우를 개척하고 발전시켰어. 장저우 사람들은 그를 기리려고 '개장성왕'으로 받들어 제사를 올리지. 장저우인이 타이완으로 와서 경작지를 개간할 때도 이 믿음을 간직했어. '개장성왕 사당'을 세우고 무탈하게 자신들을 보살펴 달라고 빌었어.

커자인

타이완의 커자인은 중국 광둥의 차오저우나 후이저우, 자잉이나 팅저우 출신이야. 이 지역은 모두 산악 지역이지. 커자인은 타이완으로 온 후에도 산비탈을 적절히 이용해서 계단식 논밭을 만들었어. 이들은 주로 타오주먀오, 화롄과 가오슝의 메이농, 류두이에 흩어져 살았어. 민란을 평정할 때 커자인이 도움을 줬어. 그래서 이들을 의로운 백성이란 뜻의 '의민'으로 칭송했고, 사당을 많이 지어서 희생된 커자인을 위해 제사드렸어.

차오저우인

차오산어를 사용해. 차오산인은 태국으로 건너가기도 했고, 일찍부터 타이완으로 와서 핑둥, 가오슝, 타이난과 차이, 윈린, 장화, 그리고 타이중에 자리를 잡았어. 차오산인은 고향의 지명을 가지고 오기도 했어. 예를 들어 핑둥의 차오저우, 가오슝의 메이농지양, 타이중의 후이라이 등은 모두 광둥의 차오저우와 후이저우에 있는 지명이야. 차오산어와 장저우어는 몹시 비슷해서 구별이 어려워. 그래서 일본 통치 시기, 광둥이 고향이라고 하면 커자인으로 늘상 오해 받았지. 타이완에는 '삼산 국왕' 사당이 여러 곳에 있는데 차오저우인이 믿었던 중요한 토속신이야.

타이완 해협에 잠긴 애잔한 노래

앞서 나간 성, 타이완

19세기 말 타이완은 청나라에서 눈부시게 앞서가는 성이 되었어! 수도인 베이징에서부터 천만리, 하늘 같은 황제로부터 아득히 먼 곳에 자리했는데 말이야.
철로가 깔리고 전깃불이 켜지고, 영어를 가르치는 학교도 생겼지. 어떻게 된 걸까?

1683년 강희제가 타이완섬을 지도에 그려 넣어 청나라 영토로 삼았지만, 그 후 100여 년간 타이완은 변방의 버려진 땅에 불과했어. 황제는 그저 반란이 평정되기를 바랐을 뿐 맞춤하게 다스릴 계획은 별로 없었지.

19세기 중반 동서양의 해상 무역이 더욱 활발해지자 타이완은 국제 무대

✦ 아편전쟁 ✦

19세기 중반, 중국은 곤경에 빠졌어. 대다수 백성이 아편을 피웠고, 영국인은 중국에서 아편을 팔아 은자를 챙겼어. 그런데 그 액수가 청나라 수입의 절반이나 되었지.

마침내 황제는 임칙서를 흠차대신으로 임명해 광둥으로 보내. 아편 때문에 나라가 금방 거덜 나게 되자 아편을 금지하기로 한 거야. 임칙서는 영국인이 보낸 뇌물을 거절하고, 광둥에서 아편 3만여 상자를 압수해 모두 불태워 버려. 압수한 아편을 모두 불태우는 데 무려 23일이 걸렸어.

영국은 영국 상인의 손해를 보상하라며 1840년 6월 말, 군대를 이끌고 중국을 공격해. 1842년 중국은 패배를 선포하고 영국과 제1차 난징 조약을 체결하지. 난징 조약으로 중국은 무역항 5곳을 개방하는 것은 물론, 홍콩을 영국의 식민지로 넘겨줘.

에 그 모습을 드러냈고, 영국, 프랑스, 일본이 모두 탐내는 지역이 되었어. 청나라도 그제서야 중요성을 깨닫고 타이완을 대하는 태도가 크게 달라지지. 재빨리 타이완을 성으로 승격시켰어. 뿐 아니라 청나라에서 뛰어나게 발전된 성의 반열에 그 이름을 올렸어. 성은 우리나라의 도 같은 거야. 극적인 변화가 일어난 거야. 이로써 타이완과 중국은 떨어질 수 없는 관계가 되어 버렸지. 자, 이제 이 당시 중국이 마주한 상황으로 돌아가 보자고!

아편전쟁이 중국에 상처를 남기다

1840년 영국이 '아편전쟁'을 일으켜. 청나라는 간신히 2년을 버텼지만 당해 낼 수 없었고, 영국이 제시한 온갖 조건을 받아들이고 조약을 체결하게 돼. 안타깝게도 이 전쟁으로 서구 강대국들은 중국이 종이호랑이에 불과하다는 것을 알아차려. 이때부터 크고 작은 전쟁이 잇달아 발발하고 청나라는 번번이 패배해 그때마다 양보를 할 수밖에 없었어.

⬇ 1860년 톈진 조약 후 후웨이(지금의 단수이)항을 개항해.
타이베이의 다다오청이 이 시기에는 단수이 강변에 있어서
화물이 모여드는 집산지가 돼.

청나라는 갈수록 쇠약해졌지만 해상 무역의 요충지였던 타이완은 점점 발전해. 세계 각지의 강대국들이 타이완의 잠재력에 눈독을 들였고, 타이완의 운명도 국제 정세와 맞물려 중대한 전환점을 맞게 돼.

✦ 다다오청이 번창하다 ✦

청나라 중반까지만 해도 다다오청에 사는 사람이 많지 않았고, 그곳 사람들은 벼농사를 지었어. 다다오청의 '청'은 공터라는 뜻인데, 원래 다다오청은 그곳 사람들이 공동으로 벼를 널어 말리던 넓은 공터였어.

얼마 후 단수이가 개항되자 다다오청이 갑작스레 타이완 북쪽의 주요 무역항이 돼. 외국인, 타이완인, 한인 모두 이곳에서 장사를 했지. 중국과 외국의 상점이 100개가 넘었어. 청나라에서 파견한 관리 유명전은 부유한 세력가인 임유원, 이춘생을 적극적으로 설득하여 이곳에 건물을 짓고 외국인에게 세를 놓도록 했어.

지금도 다다오청에는 서구와 중국의 건축 양식이 뒤섞인 옛 건물들이 남아 있어 당시 얼마나 번성했는지 알려 주지.

후웨이와 안핑을 해외 무역 항구로 개방하다

1860년 청나라는 영국, 프랑스 연합군과의 전쟁에서 패배하고, 타이완의 후웨이(지금의 단수이)와 안핑(지금의 타이난)을 해외 무역 항구로 개방하는 데 동의해. 이제 외국인도 타이완에서 무역을 할 수 있게 됐어.

미국, 영국, 독일 등이 모두 무역 상사를 설치했고, 타이베이의 다다오청에는 외국인이 모여 사는 곳도 있었지. 녹나무 기름인 장뇌와 설탕 말고도 외국인이 타이완에서 떼돈을 벌어 가는 상품이 있었어. 그건 바로 차야.

원래 타이완에는 차가 많지 않았어. 그런데 똑똑한 영국 상인 하나가 그 유명한 '포르모사 차'를 만들어서 미국으로 수출했어. 이 차는 뜻밖에도 대히트를 치고 많은 돈을 벌어들였어. 이후 외국인이나 타이완인이나 모두 앞다투어 차나무를 심고 차를 만들어. '차'가 타이완의 가장 중요한 수출품이 된 거야.

✦ 장뇌, 차, 설탕을 대량으로 수출하다 ✦

네덜란드인이 타이완을 점령한 시기에는 주요 수출품이 쌀과 설탕이었어. 그런데 청나라 중후반이 되자 설탕과 장뇌 생산량이 크게 늘면서 전 세계적인 생산지가 되었지. 특히, 장뇌는 타이완에서 제일 먼저 생산된 '세계 최초'의 상품으로 생산량이 전 세계 총생산량의 70~80퍼센트나 됐어. 장뇌는 녹나무에서 추출하는데 화약과 방충제를 만드는 데 사용돼.

단수이가 개항된 후에는 차가 타이완 북부의 가장 주요한 수출품이 됐어. 영국 상인 존 도드가 푸젠에서 우롱차 모종을 들여와 차를 재배했는데 타이완 차가 영국과 미국에서 날개 돋친 듯 팔렸어. 그러자 외국 상인과 푸젠, 타이완의 한인도 대거 뛰어들어 다다오청에서 차를 재배하고 팔았지. 이 당시 다다오청 근방의 산비탈은 모두 차 밭이었어. 이 지역에 차 도매상과 찻집이 100여 곳이 넘었고, 매일 차를 선별하고자 모여드는 사람이 1만 명 이상이었어.

차

이 시기에는 서양 선교사들도 속속 들어와 타이완에 적잖은 영향을 끼쳤어. 가장 유명한 사람은 맥케이야. 그는 선교는 물론이고 타이완에 병원과 학교를 지어 선주민과 여성도 교육 받을 수 있는 기회를 열어 줬어.

↑ 심보정이 해상 방위를 강화하기 위해 안핑에 특별히 건설한 이곤식 포대(이다이진성)야.

한편, 아둔한 청나라가 타이완을 애지중지하게 되는 계기가 생겨. 바로 '목단 마을 사건'이야. 1874년, 일본군이 타이완으로 쳐들어와 목단 마을 일대의 선주민과 한바탕 전쟁이 벌어져. 청나라 황제가 깜짝 놀라 고위급 대신 심보정을 타이완으로 파견해서 해안 방어를 물샐틈없이 하도록 해.

산지를 개척하고 해금령을 폐지한 심보정

타이완이 청나라 지도에 편입된 지 100년이 다 돼 가고 있었어. 그렇지만 청나라는 특별한 무언가를 타이완에 만들지 않았어. 심보정은 기술자를 초빙해 타이난과 가오슝에 포대를 건설했어. 그중에 이곤신 포대가 있는데 타이완 최초의 현대식 포대야. 심보정은 긴 안목으로 타이완을 새롭게 만들어 갔어. 그는 핑푸족 이외의 선주민이 귀화하도록 애를 써. 그리고 산지를 개척해. 타이완 북부와 중부, 남부에 각각 도로를 건설하는데 특히 타이완 동부와 산악 지역을 적극적으로 개발했지. 현재의 수화, 신중형, 난회이 고속도로는 이 당시 뚫린 도로를 기반으로 건설한 거야.

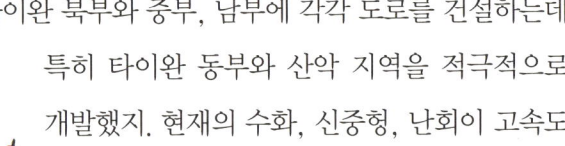

← 청나라 군대가 화렌의 가례완 마을을 진압하는 그림이야. 목단 마을 사건 이후, 청나라는 타이완 산간 지역을 더욱 엄격히 통제했어. 산지를 개발하고 선주민을 귀화시키는 정책을 시행해. 그렇지만 청나라와 선주민은 갈수록 충돌이 잦아졌어.

↑ 일본인이 목단 마을 사건을 기록한 그림이야. 일본군이 현대식 무기를 갖추긴 했지만, 목단 마을 사건으로 일본 해군은 심각한 피해를 입었어. 가까스로 승리를 거두고 물러났지.

심보정은 선주민 귀화에 적극적으로 힘썼어. 산간 지역에 사는 선주민을 구슬려 중국 문화에 동화시키고 교육을 받게 했지. 한인을 불러 모아 타이완 동부를 개간하고 이곳에 군대를 두었어. '산지를 개척하고 선주민을 귀화'시키는 개산무번 정책이 줄줄이 시행되면서 타이완 동부를 장악했어. 그렇지만 선주민의 일상을 침범해 갈등이 생기고 양측이 충돌하기도 했지.

심보정은 타이완을 보다 효과적으로 개발하기 위해 행정 구역을 조정해 달라고 상소를 올렸어. '타이베이부'를 만들고, 타이완 이주 금지법을 폐지해 달라는 등의 건의를 한 거야. 이제 중국의 한인들이 자유롭게 타이완으로 이주하여 뿌리내릴 수 있게 됐어.

✦ 목단 마을 사건 ✦

1871년 겨울, 류큐 미야코섬 사람 69명이 바다에서 폭우를 만나 표류하다 타이완 남동쪽의 야오만(지금의 핀둥 자러수이 부근)에 이르러. 목단 마을 선주민은 마을에 들이닥친 이방인을 살해하지. 20여 명만이 한인의 도움으로 간신히 류큐로 돌아갔어.

이 당시 류큐는 일본의 정식 영토가 아니었어. 그런데도 일본은 이 사건을 빌미로 청나라에 책임을 물었지. 청나라는 '타이완 생번은 청나라 관할 밖'이라는 원칙을 들면서 거절했어.

1874년 일본이 군대를 파견해 목단 마을과 그 주변의 선주민 마을을 공격해. 20여 일간의 대치 끝에 선주민들은 항복할 수밖에 없었어.

그제서야 긴장한 청나라는 심보정을 파견해 이 사건을 처리하게 하지. 심보정이 대군을 이끌고 타이완에 오고, 일본은 다른 풍토 때문에 병사들이 수없이 죽어 나가자 결국 양측이 협상을 해. 중국이 은자 50만 냥을 일본에 배상하고, 류큐가 일본 영토라는 것을 인정하기로.

타이완 최초의 순무가 된 유명전

타이완에 크게 공헌한 사람이 바로, 지금부터 이야기할 유명전이야. 그는 청나라와 프랑스가 전쟁을 벌였을 때, 군대를 이끌고 타이완에 온 적이 있었지. 청나라는 타이완의 중요성을 다시 깨닫고 타이완을 20번째 성으로 승격시켜. 그리고 타이완 방어에 공을 세운 유명전을 첫 번째 타이완 순무로 임명해. 순무는 그 지역을 통괄하는 관직이었어.

유명전은 보수적인 청나라 대신들과 달리 서구의 뛰어난 점을 알아차렸지. 그는 중국이 어떻게 하면 효과적으로 서구를 배워서 따라잡을 수 있을까 계속 궁리했어. 먼저 새로운 정책을 차근차근 시행해서 타이완을 중국에서 가장 발전한 성으로 만들려 했지.

> ✦ **청나라와 프랑스의 전쟁으로** ✦
> **타이완이 성으로 승격되다**
>
> 베트남은 중국의 번국이었어. 번국은 다른 나라의 지배를 받는 속국을 말해. 그런데 프랑스가 베트남을 점령해 식민지로 삼으려고 호시탐탐 노리고 있었지. 베트남을 얻으려면 중국과 싸워 이겨야 했어. 1883년 마침내 프랑스가 중국에게 싸움을 걸어 와. 프랑스의 공격 목표는 푸젠의 푸저우와 타이완의 지룽이었지. 1884년 유명전이 프랑스군을 막으러 타이완으로 와. 그리고 프랑스군을 두 차례에 거쳐 물리쳐. 프랑스는 타이완 공격이 막히자 포위하는 전략을 써서 타이완이 외부와는 그 어떤 연락도 할 수 없게 만들어. 1885년 상황이 갈수록 급박해지자 청나라가 결국 프랑스와 협상을 하고 베트남을 내주기로 해.

근대화의 우등생이 되다

유명전의 노력으로 수도에서 천만리 떨어진 작은 섬, 타이완에 철도가 깔려. 중국에서 처음으로 관청이 주도해 승객을 실어 나르는 철도를 만든 거야. 전신·전보 사업을 타이완 전역으로 확대해서 지룽, 신주, 장화, 자이, 타이난 등에 전신국을 설치해. 통신의 편리함으로는 중국에서 으뜸이 되었지. 유명전은 서구식 학교도 열어. 거기서 영어, 프랑스어, 독일어, 수학, 물리, 화학 등을 가르치도록 하지. 무엇보다 놀라운 일은 '전등'을 설치한 거야. 당시 정치 중심지였던 타이베이 거리에 커다랗고 밝은 전등이 달려 있었어. 지금으로부터 150년 전인 당시 사람들은 꿈에도 생각하지 못할 일이었어.

✦ 전기적 인물, 유명전 ✦

유명전은 15살 때 아버지를 도와 소금을 팔았고 정식으로 교육을 받은 적이 없어. 18살 때 증국번이 이끄는 군대를 따라서 태평천국군을 물리치고 큰 신임을 얻어. 이후 타이완에 쳐들어온 프랑스군을 격퇴하고 타이완의 첫 번째 순무가 되지. 타이완 순무로 있었던 기간은 6년뿐이지만 유명전은 타이완을 앞서가는 성으로 만들어.

유명전은 청나라 후반 대신 중 식견이 뛰어났어. 과거 시험을 본 적이 없었으니 이홍장이나 증국번 같이 과거 시험에 합격한 사람과 비교하자면 중국 전통 문인으로서의 포부는 없었을지도 몰라. 그렇지만 유명전은 서구의 뛰어난 점을 누구보다 빨리 알아차리고 효과적으로 익혔어.

서구 국가 대부분은 타이완을 화수분으로 여겼어. 장사로 돈 벌 생각만 했던 거야. 이웃 나라 일본은 여기서 그치지 않았어. 목단 마을 사건으로 타이완 침략의 불씨를 지피게 돼. 심보정과 유명전의 노력에도 불구하고, 20년 후 일본은 오랜 꿈을 이뤄. 청나라를 격퇴하고 타이완을 차지하게 된 거야.

⬆ '광우천개' 터널이야. 터널 이름은 '원대한 뜻이 하늘 길을 열었다'는 뜻이야. 이 네 글자 현판은 유명전이 직접 썼다고 해.

✦ 증기 기차와 등운 1호 ✦

유명전이 타이완에서 가장 하고 싶었던 일은 바로 철도 건설이야. 1887년 다다오청을 중심으로 북쪽으로는 지룽, 남쪽으로는 타이난에 이르는 첫 번째 철로 건설을 시작해. 2년 후 다다오청에서 숭산 구간의 철로가 개통되고 기차가 운행돼. 이 첫 증기 기차를 '등운 1호'라고 해. '등운'은 구름을 탄다는 뜻이니까 그렇게 빠르다는 거지. 1891년에는 철로가 북쪽의 지룽까지 개통돼.

유명전이 타이완을 떠나게 되었을 때, 기차는 신주까지 운행했어. 뒤이어 타이완 순무가 된 소우렴은 실용적 정책을 채택했기 때문에 유명전이 기획했던 철로 건설을 포기했고 기차 운행도 중단됐어.
북쪽에서부터 남쪽까지 철로를 놓으려던 유명전의 계획은 훗날 일본이 완성하게 되지.

⬅ 등운 1호야. 타이완의 첫 증기 기차로 독일이 만들었어.

타이완을 고향으로 여긴 선교사

19세기 후반 유럽에서 선교사들이 대거 타이완에 왔어. 남쪽에는 맥스웰, 캠벨 등이, 북쪽에는 멕케이 등이 있었어. 선교 과정은 험난했어. 당시 사람들이 선교사를 배척했기 때문이지.

사람들이 교회며 병원을 번번이 때려 부쉈지만 선교사들은 차츰 타이완에 영향을 줘. 종교와 의학은 물론이고 교육과 사상 방면에서도 영향을 주지.

맥스웰, 캠벨, 멕케이

맥스웰은 의료 활동을 하러 타이완에 온 첫 번째 선교사야. 그는 영국인으로 타이난에 교회와 병원을 짓고, 진료와 선교를 했지. 캠벨은 선교를 위해 펑후에 온 첫 번째 목사야. 그는 샤먼어 사전을 편찬했고, 무엇보다 시각 장애인을 위한 학교를 세웠어. 이 학교는 타이완에서는 전례가 없는 최초의 시도야.

캐나다에서 온 멕케이는 단수이에서 선교를 시작해. 선교에 앞서 그는 무료로 치아를 뽑아 줬어. 그가 뽑은 치아가 2만 1,000개나 된대! 이후에 그는 멕케이 부인의 도움으로 병원을 세워. 멕케이 부인은 사망한 미국인 장교의 부인인데 선교사 멕케이와 남편이 성이 같네. 이 병원이 현재 타이완에 있는 맥케이기념병원이야.

멕케이 목사는 '이학당대서원'을 열어. 타이완 최초의 신식 학당으로 서구 의학과 과학, 신학을 가르쳤고, 선주민 학생이 많았어. 그는 타이완 최초로 여학교도 세워서 타이완에 근대식 교육의 씨앗을 뿌렸어.

↑ 멕케이 ↑ 캠벨 ↑ 맥스웰

나를 일본인이라고 하지 마

일본이 쇠약해진 청 제국을 물리치고 정식으로 타이완을 통치하게 됐어! 그러나 타이완인이 진짜 일본인이 된 건 아니었어. 타이완인은 일본을 위해 일을 했지만, 동등한 혜택을 누릴 수 없었거든.

1895년 시모노세키 조약이 체결돼. 이 조약서에는 청천벽력 같은 내용이 담겨 있었어. 타이완섬에 살고 있는 수백만 명의 운명이 완전히 달라지게 생겼지. 바로 일본의 식민지가 된다는 거야.

✦ 청일 전쟁 ✦

1894년 일본은 조선의 폭동을 잠재운다는 거짓 명목으로 한반도뿐 아니라 중국의 다롄과 뤼순을 점령해. 청나라의 북양 함대가 일본군의 폭격으로 모두 침몰해 버리고 청나라 군대가 순식간에 무너져 랴오둥반도와 산둥반도조차 내주지. 일본군의 베이징 공격이 코앞에 다가오자 이홍장은 일본에게 화친을 청할 수밖에 없었어.
1895년 4월, 이홍장과 일본 수상 이토 히로부미가 일본의 시모노세키에서 '시모노세키 조약'을 맺어. 이 조약에는 중국이 랴오둥반도와 타이완, 펑후 등의 섬을 일본에게 떼어 주고, 백은 2억 냥을 배상한다는 내용이 포함되어 있었지. 여러 강대국들의 반대로 일본은 랴오둥반도를 포기했어. 하지만 타이완, 펑후 등의 열도는 일본 식민지가 되고 말았어.

➡ 중국과 일본 양측 대표가 '시모노세키 조약'을 맺어.

타이완 사람들은 어처구니가 없고 기가 막힐 지경이었어. 쇠약해질 대로 쇠약해진 청나라가 청일 전쟁에서 또다시 대참패하자 하는 수 없이 일본에게 전쟁을 끝내자고 한 거야. 타이완이 아니라 대륙에서 벌어진 전쟁이었는데 타이완이 운수 사납게 희생 제물이 된 거지. 일본이 강대국이라고는 하지만 식민지의 국민이 되기를 바라는 사람은 아무도 없었어. 더욱 비통한 일은 타이완인의 미래를 스스로 결정할 수 없다는 것이었어!

일이 이렇게 되자 타이완의 지방 세력가들과 지식인들이 독립을 계획했어. 그들은 타이완 순무 당경숭을 '타이완 민주국'의 대통령으로 추대해. 하지만 10일도 못 돼 당경숭이 대륙으로 도망치고 타이베이성은 극심한 혼란에 빠져. 일본 군대는 치안을 지킨다는 명목으로 총알 하나 쓰지 않고 바로 타이베이성으로 들어와.

▼ 타이완을 일본에게 내준 후, 각지에서 재물을 약탈하는 일이 벌어졌어. 타이베이의 유지와 지식인은 일본군을 성 안으로 맞아들이기로 결정해. 혼란한 상황을 정리해 자신들의 생명과 재산을 지키려고 한 거지.

타이완이 혼란과 분노에 휩싸이다

그런데 타이완 중남부 지역은 달랐어. 끈질기게 일본에 맞섰어. 신주, 먀오리, 장화에서는 의용군이 격렬히 저항했고, 구봉갑을 비롯한 일부 세력가들은 대륙으로 돌아가지 않고 '타이완 민주국'을 세웠어.

✦ 단명한 '타이완 민주국' ✦

타이완을 일본에 내주었다는 소식이 전해지자 일부 항일 인사들이 '타이완 민주국'을 세우고, 타이완의 마지막 순무였던 당경숭을 대통령으로 추대했어.

이 당시 대부분의 세력가들은 자신의 가문과 재산을 지키기에 급급했어. 당경숭은 목숨을 부지할 생각만 했고, 대륙에서 온 용병들도 봉급 생각뿐이었지. 항일, 그러니까 일본에 진심으로 저항한 사람은 소수에 불과했어. 중국 측 특사 이경방과 일본 총독 가바야마 스케노리가 타이완 할양 절차를 군함에서 끝내자마자 당경숭과 구봉갑은 대륙으로 도망가 버려.

타이베이가 함락된 후, 유영복은 타이난에서 가까스로 힘든 싸움을 이어 가지만, 금방 일본군에게 패해. 타이완 민주국은 불과 148일 만에 그 수명을 다했지.

↑ 타이완 민주국을 대표하는 '남지황호기'야. 푸르른 땅에 누런 호랑이를 그린 깃발이라는 뜻이야.

프랑스와의 전쟁에서 프랑스군을 격파했던 유영복도 항일에 동참했어. 그러자 일본은 수만 명의 대군을 파견하여 5개월을 싸운 끝에 결국 타이완 전역을 점령했어.

타이완 점령 후 초반 몇 년간 일본은 타이완인이 얌전히 일본 통치를 받아들이길 바랐어. 그래서 군대가 마구잡이 학살을 자행해 유혈 사건이 끊이지 않았어. 그중에서도 윈린에서 벌어진 대량 학살은 전 세계를 경악시켰어. 이때 사망자가 2~3만 명에 달했다는 얘기가 있을 정도야.

✦ 메이지 유신으로 일본 국력이 대전환을 맞다 ✦

19세기 중반 이전에는 일본도 다른 아시아 국가들과 다르지 않았어. 서구 강대국의 위협에 시달렸지. 미국의 강압으로 일본은 1853년 항구를 열고 무역한다는 조약을 체결해. 200년간 고수해 온 '쇄국' 정책을 포기한 거야. 쇄국은 다른 나라와 무역을 하거나 교류하는 걸 금지하는 거야. 이제 외국인도 일본에 거주하며 무역을 할 수 있게 됐어.

1867년 도쿠가와 막부가 메이지 천황에게 정권을 넘겼고 '메이지 유신'이 시작되면서 일본 국력은 큰 전환점을 맞게 돼. 메이지 천황은 서구를 적극적으로 본받아서 일본을 급속히 발전시켜 근대 국가로 발돋움시킬 생각이었어. 메이지 천황은 과학과 공업뿐 아니라 서구 민주주의를 들여와 일본을 통치했어. 1889년 그는 헌법을 공포하고, 이듬해에는 선거를 실시해 의회 정치를 시작했어.

전면적인 서구화로 일본은 불과 30년 만에 근대 국가로 탈바꿈해. 그리고 서구의 10여 개 강대국과 맺었던 불평등 조약을 취소해.

강대국 대열에 합류한 일본은 여러 나라를 침략하기 시작해. 1895년 중국과의 전쟁에서 승리해 타이완을 얻고, 1905년에는 러시아에게 승리하고 사할린섬을 얻어 내. 1910년에는 우리나라를 집어삼켰지. 1931년에는 중국의 동북 3성을 합병하고 더 나아가 중국 전체를 집어삼키려고 했어.

↑ 메이지 천황

철도를 놓고 하수도를 설치하고

일본군의 위세가 다소 누그러들면서 고다마 겐타로가 제4대 타이완 총독으로 부임했어. 식민 정부는 태도를 바꾸고 각 방면에서 장기적인 계획을 세웠어.

고다마 겐타로와 그를 보좌하던 고토 신페이는 타이완 근대화의 기초를 다졌어. 이들은 토지와 인구를 정확히 조사하고 타이완 서쪽에 남북을 관통하는 철로를 완성해. 또한 지룽과 가오슝 항구를 확장해. 고다마 겐타로는 의학을 전공해서 공중위생을 중시했어. 일본에서 의사 100여 명을 타이완으로 불러들여 공중 의사 제도를 만들어. 현재 타이완 각지에 있는 보건소는 바로 일제 통치 시기에 시작된 거야. 이 밖에도 고다마 겐타로는 타이베이에 하수도를 설치하고, 타이베이 의과대학을 설립해 전문적으로 의사를 길러 내.

↑ 고다마 겐타로는 일본이 식민지 타이완에 파견한 제4대 총독이야.

↑ 일본인이 타이완 전역에 상수도와 하수도를 건설하기 시작했어. 당시 타이완의 공공시설 중 일부는 본국인 일본보다 더 선진적이었지. 예를 들어, 타이베이의 하수도 설치 비율은 아시아에서 일등이었어. 사진은 일제 시기의 양수기야. 지금은 타이베이 상수도 박물관에 있어.

타이완인을 억압하고 착취하다

일본이 타이완을 통치한 목적은 바로 황금알을 낳는 거위를 길러 일본 국력을 강화하는 것이었어. 네덜란드인과 다름없었던 거지.

일제 시기, 타이완에서는 설탕 생산량이 폭증했어. 일본 총독부는 농민을 위협해 싼값으로 제당 회사에 땅을 팔게 했어. 그리고 그 많은 농지에 사탕수수를 심어 일본에 공급했어. 수출로 돈도 벌어들였어. 하지만 농민은 수입이 그다지 늘지 않아 불만이 많았지. 설탕 구입 가격을 모두 제당소에서 결정했기 때문이야.

총독부는 이윤이 가장 많이 남는 담배, 술, 아편, 장뇌, 소금 등의 산업을 모두 장악해 독점 판매를 했어. 이런 방식을 '전매'라고 해. 타이완 국민이 고생스럽게 일해 만들어 낸 이윤이 대부분 일본인 주머니 속으로 들어가게 된 거지.

✦ 일제 시기 건축물은 왜 모두 유럽식일까? ✦

타이완 대통령 관저인 종통푸(일제 시기의 타이완 총독부)를 비롯해 타이완 의과대학, 타이완 대학의 옛 건축물, 타이완 술·담배 회사[전매국], 국립 타이완 박물관 등은 모두 유럽식 건축물이야. 타이완을 식민 통치한 나라는 유럽이 아니야. 그런데 지금까지 남아 있는 일제 시기 건축물은 왜 하나같이 유럽식일까? 일본은 적극적으로 서구를 본받았고, 유럽풍 건축을 대단히 숭상했어. 그래서 타이완을 실험장으로 삼아 새로 배워 온 건축 방식을 타이완에서 우선적으로 시도했어. 그래서 총독부 주관으로 타이완에 세운 일제 시기 건축물은 모두 유럽식인 거야.

⬆ 타이완 술·담배 회사는 일제 시기 타이완 총독부의 전매국이야. 이 당시에는 술과 담배는 물론이고 장뇌, 식염, 장작도 모두 전매했지. 이런 물품은 모두 총독부의 것이었기 때문에 민간에서 만들어 파는 것을 금지했어.

차별이 심해지다

더더욱 가슴 아픈 일은 일본이 타이완인을 차별했다는 거야. 임금은 물론이고 교육 받거나 직업을 갖는 기회에 있어서도 타이완인은 일본인과 달랐어. 예를 들어, 설탕 만드는 제당소에서 일본인 월급은 타이완인보다 2배 이상 더 많았어. 일본인과 타이완인은 초등학교도 따로 다녔어. 일본인 학교는 '소학교', 타이완인 학교는 '공학교'라고 불렀어.

➡ 일제 시기 타이완인이 학교를 다니려면 공학교를 가야 했고, 일본어를 '국어'로 배워야 했어. 산수, 노래, 체조 등등의 과목도 있었어. 한문 수업에서는 『논어』와 『삼자경』 등을 배웠어.

✦ 경찰의 권위 ✦

일제 시기 경찰은 중요한 역할을 담당했어. 모두 경찰을 무서워해서, '대인'이라고 불렀지. 왜 이렇게 경찰을 무서워했을까? 경찰은 권력이 막강해서 누구도 당해 내질 못했으니까. 치안 유지는 물론이고 호구 조사를 철저히 해서 주민들의 상황을 샅샅이 파악하고 있었어. 그밖에도 이런저런 일에 관여했지. 예를 들어, 매주 집집마다 들러 청소 검사를 하는데, 통과하지 못하면 그 집 대문에 기다란 분홍색 종이를 붙여 놔. 그러니 그 집은 얼마나 창피했겠어!

채찍을 든 경찰은 더 기고만장했지. 이들은 규율이 엄격해서 뇌물을 받아서는 안 됐고, 도둑이나 범인을 열심히 잡아들여야 했어. 그 누구도 감히 이들의 권위에 도전할 수 없었어.

각종 차별 대우는 타이완인의 자존감에 불을 지폈어. 린셴탕, 장웨이수이처럼 식견과 꿈을 가진 지식인은 신문을 만들고 곳곳에서 강연하며 민주, 자유, 평등을 널리 알렸어. 이들의 열정과 노력으로 민주 정치의 귀중한 씨앗이 타이완에 뿌려졌어.

일본 때문에 전투에 휘말린 타이완인

일본은 중국을 점령할 야심으로 장장 8년간 전쟁을 벌였고, 제2차 세계 대전도 일으켰어. 일본 총독은 타이완인도 일본 국민이라며 '황민화 운동'을 적극적으로 추진해. 병력이 부족해지자 총독부는 타이완에서 청년 20만 명을 징집해서 일본인 대신 전투에 투입해. 이렇게 타이완도 전쟁에 휘말려들었고, 미국 전투기의 폭격을 당하지.

1945년 일본은 전쟁에서 패해 항복하고 나서야 타이완을 포기했어. 그제서야 타이완도 우리나라처럼 51년에 걸친 식민 통치에서 벗어날 수 있었어.

✦ 황민화 운동 ✦

중일 전쟁이 발발한 후, 일본 총독부는 타이완인이 자신들을 대륙의 중국인과 동일시할까 봐 우려했어. 그래서 돌연 태도를 바꾸어 타이완인은 일본 천황의 백성이라고 하지. 그러고는 6년간의 국민 교육을 실시해. 타이완 아이들 중 76퍼센트 가까이가 초등학교에 입학해 일제의 교육을 받았어. 한문 교육을 없애고, 한자로 된 성은 버리도록 했어. 중국식 옷을 입어도 안 됐고, 조상은 물론 중국인이 받드는 신에게 제사 지내는 것도 금지했어.

이 당시 타이완인은 언어, 문화와 풍속을 바꾸도록 강요당했어. '국어'가 일본어라서 누구나 일본어를 배우고 일본식 이름을 써야 했지. 복장도 일본 옷인 기모노나 서구 옷인 양복을 걸쳐야 했어. 심지어 일본인이 신봉하는 '아마테라스' 신을 정기적으로 참배해야 했어.

붉은 피로 일제에 항거한 사람들

일본이 타이완을 점령하고 난 직후 몇 년간, 지방에서 크고 작은 유혈 사건이 100건 넘게 발생했어. 지방에서는 일본 통치를 받아들이지 않았기 때문이지. 북부에 간다사, 남부에 임소묘, 윈린에 가철과 같은 사람들은 대부분 지방 세력가였어. 이들은 자신의 지역을 근거지 삼아 왕이 되고, 유격전을 벌이며 일본에 항거했어. 결국에는 총독부에 모두 붙잡혀 처형당했어.

일본이 타이완 전체를 모두 장악한 후에도 항일 유혈 사건은 끊이지 않았어. 다양한 방식으로 곳곳에서 타이완인들이 불평등한 대우를 받았기 때문이지.

항일 운동은 하나도 성공하지 못했지만 자유와 평등을 위해 싸웠던 이들의 정신은 마음에 새길 만해.

↑ 일본 통치 시기, 타이완에서는 일제에 항거하는 사건이 끊이지 않았어. 그중 '우 마을 사건'은 일제 통치 기간 중 타이완에서 일어난 마지막 무장 항일 운동이야. 사진은 그 사건을 형상화한 조각상이야.

쟈오바녠 사건

'시라이안 사건'이라고도 해. 위칭팡, 뤄쥔, 장딩이 주도했어. 위칭팡은 말단 경찰직에 있기도 했지만 이민족 통치에 줄곧 불만이 많았어. 위칭팡 등은 시라이안을 근거지로 삼고 세상을 구할 신이 타이완에 곧 나타난다면서 다 함께 일본에 항거하자고 호소했어. 1915년 일본 경찰은 사태가 심상치 않음을 알아채고 지명수배령을 내려. 위칭팡은 군중을 이끌고 쟈오바녠(타이난 위징)으로 도피해. 그리고 사찰에 있는 법기와 칼을 들고 일본군의 장총과 대포에 맞서지. 얼마 못 가 위칭팡은 군중을 해산하기로 결정하고, 동네 사람들이 자신을 체포한 것처럼 꾸며서 일본에게 투항했어. 일본은 위칭팡을 비롯해 뤄쥔과 장딩을 모두 사형에 처하고 1,000여 명을 체포했어. 그중에서 886명이 사형 선고를 받아(끝내 사형당한 사람은 100여 명이야). 이 밖에도 450여 명이 감옥에 갇혔어.

↑ 쟈오바녠 사건 당시 체포된 타이완인이 지금의 타이난에서 법정에 출두하는 모습이다.

우 마을 사건

총독부는 선주민을 몹시 가혹하게 대했어. 청나라보다 더 심해서 전기가 흐르는 철망을 설치해 산속에 선주민을 가두었어. 경찰이 선주민을 난폭하게 대하는 일이 다반사였고, 강제로 부역도 시켰어. 선주민 여성과 결혼한 일본인은 아무렇지 않게 선주민 아내를 버렸어. 그러다 보니 선주민은 총독부와 늘 충돌했어. 가장 비극적인 사건은 1930년에 발발한 우 마을 사건이야. 선주민과 경찰 한 명의 사소한 다툼에서 시작되었지만 양쪽 모두 차곡차곡 불만이 누적되어 있는 상황이다 보니 불씨가 튀자 활활 타오르게 된 거야. 우두머리인 모나 루다오는 타이야족 사람들과 함께 그 지역 일본인이 모두 참가하는 초등학교 운동회로 날을 잡아 공격을 감행했어. 우 마을의 경찰국과 우체국 등도 공격했지. 일본인 134명이 죽었어. 총독부는 곧 대규모 군대를 파견해 진압에 나섰고 독가스탄까지 투척했어. 결국 모나 루다오와 타이야족 선주민 1,400명이 거의 살해됐어. 이 마을 타이야족은 겨우 200여 명만 살아남았지.

↑ 중간에 있는 사람이 우 마을 사건을 지휘했던 모나 루다오야.

지혜로 평등을 쟁취한 사람들

1920년대는 타이완 민족 운동의 계몽기야. 이때는 타이완에 아직 대학이 없어서 수백 명의 학생이 일본으로 유학 가서 고등 교육을 받았어. 이들은 새로운 사상을 접하고, 타이완 국민의 권익을 위해 일본에서 열심히 활동했어. 1920년 린셴탕, 차이후이루와 일부 유학생들이 도쿄에서 '신민회'를 만들어.

또한, 린셴탕을 비롯한 유학생들은 일본에서 '타이완 의회 설립 청원 활동'도 전개해. 같은 시기 타이완에서는 장웨이수이가 '타이완 문화협회'를 만들어 활발히 활동하며 민주 사상을 널리 알려.

1927년 장웨이수이는 '타이완 민중당'을 만들어. 이 당은 합법적으로 만들어진 타이완인의 첫 번째 정치 단체야. 그리고 1935년 타이완에서 최초로 지방 의원 선거가 실시돼.

일본이 중국 대륙을 침략한 후, 일본의 핍박으로 민주와 평등을 쟁취하려는 타이완인의 활동이 중지돼. 그렇지만 타이완 지식인이 뿌린 정신적 씨앗은 이후 적잖은 영향을 미쳤지.

➡ '타이완 문화협회'는 일제 시기 타이완에서 매우 중요한 민간 조직이야. 당시 사회 운동의 본거지였지. 이들은 간행물을 발간하고, 학교와 전국을 돌며 '문화 강연'을 열었어. 일반 대중에게 민족정신과 근대 정치사상을 널리 알렸지. 협회에서 길러 낸 인재들은 이후 타이완 민주화 과정에서도 핵심적 역할을 했어.

온화한 항쟁, 린셴탕

린셴탕은 청나라 때 타이완에서 명망 있는 가문 출신이었어. 일제 시기 중반까지 타이완인은 중학교에 진학할 기회가 적었어. 린셴탕은 1915년 각계 지식인들과 연합해 돈을 모아 '타이중 중학교'를 설립해. 타이완 아이들만을 위한 중학교가 처음으로 생긴 거야. 린셴탕은 량치차오의 주장을 따라 온화한 방식으로 타이완인의 참정권을 얻어 내기로 결심해. 그래서 1920년 일본 유학생들과 '신민회'를 결성하고, 이후에는 '타이완 의회 설립 청원 활동'도 시작하지. '타이완 문화협회'에도 참여해서 타이완의 민족 운동을 지지했어. 타이완이 일제로부터 독립한 직후에도 린셴탕은 타이완인을 위해 헌신해서 대단히 존경 받았어.

↑ 린셴탕

'타이완의 쑨원', 장웨이수이

장웨이수이는 영특하고 다재다능한 사람이었어. 아버지가 역술가여서 어려서부터 점을 치는 아버지 옆에서 영매 역할을 했어. 자라서는 타이완 총독부가 세운 의과대학에 입학했고 타이베이 다다오청에 '다안' 병원을 열었지. 병원 맞은편에 '춘풍득의루'라는 유명한 음식점도 경영했어. 친구를 사귀는 데도 뛰어난 재능이 있었어.

린셴탕이 신민회를 만들었다는 소식에 장웨이수이는 정치적 열정이 끓어올라 '타이완 문화협회'를 결성해. 장웨이수이는 타이완인이 '지식 부족'이라는 영양 결핍증에 걸렸다고 여겼어. 그래서 대중에게 지식을 충분히 보충해 줄 수 있는 강연회와 문화 활동을 하기로 결심해.

↑ 장웨이수이

그 후 '타이완 민중당'을 비롯해 '타이완 노동자 총연맹'을 만들어서, 타이완 민족 운동과 노동 운동에 앞장서는 큰형님 역할을 해. 1931년 총독부가 타이완 민중당을 금지시키자 그는 깊은 시름에 빠지고, 얼마 후 병으로 세상을 떠나고 말았어. 그때 장웨이수이는 고작 40살이었어.

그는 '타이완의 쑨원'으로 불리기도 하는데, 쑨원은 중국 혁명의 아버지로 평가되는 인물이야.

중화민국이 타이완으로 건너오다

타이완은 일본 식민 통치에서 해방됐어. 그렇지만 여러 가지 사정으로 공산주의를 채택한 중국 밖에서 독립하게 됐지. 70년이란 짧은 시간에 '타이완의 기적'을 이루어 전 세계적으로 주목받아.

1945년 타이완의 운명은 다시 한 번 크게 바뀌어. 일본이 제2차 세계 대전에서 패해 무조건적으로 항복하자 타이완은 중화민국의 품으로 돌아오게 되지. 대다수 타이완인은 기대가 컸어. 혈통에 있어서나 문화적으로도 타이완과

중국은 일맥상통했으니까. 그런데 중화민국에서 파견한 관료와 군대가 모두를 실망에 빠트렸지. 관료들의 정책이 오락가락하고 물가는 폭등해서 생활은 더한층 힘들어졌어. 군기가 문란한 군대가 있는가 하면, 높은 관직에 올라 제멋대로 권력을 휘두르며 보통 사람들을 협박하는 사람도 있었어. 사방에서 원성이 자자했어.

1947년 결국 '2·28 사건'이 터졌어. 이 일은 타이완인과 타이완에 새로 들어온 중국인 사이에 지우기 힘든 상처를 남겼어.

✦ 타이완, 해방을 맞다 ✦

1941년 일본이 미국의 진주만을 공습하면서 태평양 전쟁이 시작되고 미국은 일본에 선전포고를 해. 1945년 8월, 미국은 전쟁을 하루빨리 끝내고자 극단적인 방법을 선택했지. 일본의 나가사키와 히로시마에 원자폭탄을 투하한 거야. 일본인 사상자가 20만 명이 넘었고 히로히토 일왕은 무조건적 항복을 선포할 수밖에 없었지. 패전국 일본은 타이완을 내놓았어. 중화민국은 '타이완성 행정공서'를 만들어 초대 장관으로 천이를 타이완에 파견해. 그리고 1945년 10월 25일, 타이베이의 중산탕에서 광복 기념식이 거행됐어.

비극적 '2·28 사건'

중화민국이 타이완을 접수했지만 타이완 국민이 바라던 독립은 실현되지 않았어. 물가가 폭등하고 생활은 더욱 힘들어졌지. 1947년 2월 28일, 불행하게도 '2·28 사건'이 일어나.

불법 담배 단속으로 갈등이 폭발하다

전매국 직원이 불법으로 유통되는 담배를 수사하는 과정에서, 불법 담배를 팔던 여성이 맞아서 다치고, 길 가던 무고한 사람이 총에 맞아 죽어. 이 사건으로 그동안 쌓였던 불만이 폭발해. 1,000여 명의 사람들이 그다음 날 전매국으로 쳐들어가서 전매국 물건들을 불태웠어. 그러고 나서 더 많은 사람들이 행정장관 집무실로 물밀듯 몰려갔어. 당시 최고 관료였던 천이에게 청원을 하려고 말야. 그런데 헌병들이 군중에게 총을 쏴서 사태는 더더욱 걷잡을 수 없게 돼 버려. 타이완 전역에서 파업을 하고 수업을 거부했어. 타이완에서 살고 있던 사람들(본성인)은 중국에서 온 사람들(외성인)을 분풀이 대상으로 삼아서, 아무 잘못이 없는 외성인이 무수히 다치고 심지어 맞아 죽기까지 했어.

↑ 1946년의 신문이야. 타이완성 참의원이 당시 정부 관료에게 이렇게 질의해. "대체 타이완은 한 가족인가? 아니면 식민지인가?"

충돌 후의 진압

타이완 지식인들은 '2·28 사건 처리 위원회'를 조직해서 천이에게 32개 요구를 건의해. 지방 자치 실시, 민선 시장 선출, 전매국 철폐, 본성인에게도 정부 관료가 될 수 있는 기회 제공 등의 내용이 포함되었어. 본성인이 자치와 독립을 이룰 수 있기를 바랐지. 그런데 천이는 이들의 요구 사항을 받아들이기는커녕, 대규모 진압 군대를 파견해 달라고 중앙 정부에 요청해.
군대의 진압으로 본성인 사상자가 수만 명에 달했고, 타이완 지식인들이 줄줄이 잡혀가 죽었어. 본성인과 외성인 사이의 골은 깊어졌고 타이완의 비극적인 역사가 되었지.

↑ 1947년 2월 28일 현장이야. 전매국 직원이 불법 담배를 단속하면서 공권력을 부당하게 사용해 무고한 민중을 총을 쏴 죽였어. 많은 사람들이 맞서서 항의하다가 그만 헌병들이 난사한 총에 맞아.

타이완과 중국의 관계가 변화하다

이 당시 중국도 엄청난 변화를 겪어. 1949년 마오쩌둥이 이끄는 중국 공산당이 정권을 잡게 되지. 그러자 마오쩌둥과 싸웠던 국민당 지도자 장제스는 중화민국을 타이완으로 옮길 수밖에 없었어. 타이완 해협을 사이에 두고, 2개의 정부가 각기 자신이 중국을 대표한다고 주장했어. 이때 공산당을 피해 타이완으로 온 한인, 그러니까 외성인이 거의 100만 명에 이를 거야.

중국 공산당은 작디작은 타이완을 왜 합병하지 않은 걸까? 국제 정세 때문이지. 당시 세계는 미국이 주도하는 민주 세계와 소련과 중국 공산당이 주도하는 공산 세계로 진영이 나뉘어 있었어. 소련은 1922년 만들어진 사회주의 정치 연맹이야. 지금의 러시아를 비롯해서 벨라루스, 우크라이나와 대부분의 동유럽 국가가 거기에 포함돼. 1991년 소련이 해체되고 여러 국가가 성립되었지만 정권이 안정되지 않았어. 2022년에는 러시아가 우크라이나와 전쟁에 돌입하지.

1950년 한국 전쟁이 발발하자 미국과 중국 공산당이 뛰어들면서 이 전쟁은 민주와 공산 두 진영 간의 쟁탈전이 됐어. 미국은 민주 진영의 기지로 타이완이 필요했어. 그래서 타이완에 제7함대를 파견해 주둔시키고 타이완을 방어하는 동시에 경제적으로 지원했어.

➡ 1958년 8월 23일, 중국 공산당이 돌연 진먼을 공격했어. 타이완은 상황이 몹시 위급해졌어. 9월 9일, 미국의 제7함대가 타이완 해협에 다다랐어. 44일간 이어진 전투에서 중국 공산당은 거의 50만 개나 되는 포탄을 퍼부었지만 진먼을 공략할 수 없었어.

◀ 다자시 상류에 위치한 톈룬 발전소야. 이 발전소는 타이완 전력 공사가 처음으로 대규모 자금을 미국으로부터 원조받아 지은 거야.

 이렇게 해서 타이완의 중화민국 정부는 타이베이를 수도로 정하고 지방 자치를 실시해. 토지 개혁도 실행해. 토지 개혁에는 '37.5 경작지 임대료 감면', '공유지 매각', '경작자가 땅을 갖는다' 등의 정책이 포함되어 있어. '37.5 경작지 임대료 감면'은 경작지 임대료가 1년 치 작물 수확량의 37.5퍼센트를 초과하지 않도록 제한한 정책이야. '공유지 매각'은 농민에게 임대했던 공유지를 해제해 농

↑ 1960년대에 만들어진 '가오슝 수출 가공 지구'는 세계 최초였어. 이후 연이어 수출 가공 지구를 만들어서 옷, TV, 신발 등을 만드는 외국의 생산 기술을 들여왔어. 타이완이 신발과 옷을 생산하는 왕국이 됐지.

민에게 파는 정책이야. 더불어 미국이 10년 넘게 물자 등을 지원해 주어 타이완 경제가 서서히 성장하기 시작했어.

9년 국민 교육을 실시하다

1960년대가 되면 가스레인지가 숯과 연탄을 대체하기 시작했고, 전력 보급률도 90퍼센트를 넘어섰어. 집집마다 냉장고와 세탁기가 있게 됐지. 타이완 TV 방송국이 1972년에 세워져서 누구나 TV 프로그램을 볼 수 있게 됐어.

1965년 정부는 가오슝을 '수출 가공 지구'로 정했어. 이 특구에 공장을 세운 기업은 기계

↑ 스먼 저수지를 건설하는 중이야. 스먼 저수지는 한때 동북아시아에서 가장 큰 저수지였어.

와 원료를 수입하거나 생산품을 수출할 때 세금을 내지 않아도 됐어. 그래서 외국의 많은 제조업체가 이곳에 투자해서 일자리를 무수히 만들어 내고 경제 발전을 촉진시켰어. 교육 부문에서는 더욱 중요한 개혁이 실시됐어. 바로 1968년 실시한 '9년 국민 교육'이야. 이로써 전 국민이 더 우수한 소양을 가질 수 있게 됐어.

✦ 자신의 토지에서 농사를 짓다 ✦

수백 년 동안 타이완 농민 대다수는 땅이 없었어. 지주에게 땅을 빌려 농사를 짓는 '소작농'으로 살았던 거지. 그런데 농지 임대료는 늘 비쌌고 계약 조건도 소작농에게 더 불리했어. 1949년 정부는 '37.5 경작지 임대료 감면' 정책을 실시해. 지주가 소작농에게 땅을 빌려주고 임대료를 너무 많이 받지 못하게 해서 농민의 형편을 개선시키려고 한 거지.

이어서 정부는 경작지가 없는 농민에게 주려고 17만 4,600헥타르에 상당하는 공유지(총 면적이 당시 농지 전체의 5분의 1에 육박했어)를 해제했어. 4년 후에는 '경작자가 땅을 갖는다'는 정책을 실시했어. 공기업의 주식으로 지주의 경작지를 사들여 다시 농민에게 저가로 팔고, 땅값은 분할 납부하도록 했지. 그래서 '소작농'이 점차 사라졌어. 타이완에서 농사를 짓고자 하는 사람 대부분이 자신의 경작지를 갖게 하려는 노력이었지.

얼마 후 야구 열풍이 타이완 전역을 휩쓸었어. 1968년 타이둥의 홍예 유소년 야구단이 타이완으로 원정 온 일본팀을 크게 이겼어. 이 야구단은 돌멩이와 대나무 방망이로 연습을 했는데도 말이야. 이듬해에는 진룽 야구단이 세상을 더욱 깜짝 놀라게 해. 이 팀은 미국에서 열린 '유소년 야구 월드 시리즈'에서 일등을 했거든. 이후 타이완의 유소년, 청소년 야구단이 거의 매년 월드 시리즈에서 우승을 차지했고 타이완은 '야구 왕국'이 됐어.

유엔 탈퇴와 외교적 좌절

야구로 타이완의 이름을 세계에 드날렸지만 국제적 지위는 크게 타격을 받아. 여러 나라가 중화인민공화국, 그러니까 중국 공산당이 대륙에 세운 나라가 중국을 대표한다고 승인하기 시작했거든. 1971년 타이완은 유엔(UN)에서 정식으로 탈퇴해.

이듬해에는 타이완과 일본의 외교 관계가 끊어지고, 그 후 외교적 좌절이 이어져. 가까운 우방 국가를 줄줄이 잃고 1978년에는 미국과도 외교 관계가 끊겨.

엎친 데 덮친다고 1974년에는 중동에서 전쟁이 일어나서 전 세계적으로 석유 위기가 닥쳤어. 타이완도 물가가 폭등하고 몹시 힘든 상황에 빠지지.

다행히 이 시기 행정원장 장징궈가 10대 건설 계획을 추진해서 타이완의 경제는 멈춤 없이 발전했어.

✦ 경제 개발의 핵심이 된 10대 건설 계획 ✦

타이완 경제는 급속히 발전했어. 농업에서 경공업으로 천천히 중심이 옮겨갔고 외화도 많이 벌어들여. 1970년대가 되면 중공업, 그러니까 제철, 제련, 자동차, 선박 제조를 비롯해 석유, 화학 공업 등을 발전시킬 능력이 생겨. 그렇지만 기초 건설 분야는 여전히 탄탄하지 못했어. 1973년 정부는 '10대 건설'을 추진해.

10대 건설로 타이완의 주요 기반 시설이 갖춰졌어. 중산 고속도로를 예로 들어 볼게. 고속도로가 없었다면 남쪽에서부터 북쪽까지 이동하는 데 시간이 서너 배는 더 들 거야. 베이회이 철로가 없었다면 타이베이에서 화롄까지 국도밖에 없어서 위험하고 또 느릿느릿 갔을 거야.

이런 것 말고 또 무엇을 건설했냐고? 타오위안 국제 공항, 수아오 항구, 제1 원자력 발전소, 철로 전기화, 타이중 항구, 제철소, 조선소, 석유화학 공업 지구 등이 중요한 8가지 항목이야. 정부가 재빠르게 이러한 계획을 추진했기에 타이완 경제가 지속적으로 발전할 수 있었어.

경제가 급속도로 발전하다

1980년대 타이완에서 만든 자전거, 신발, 우산, 테니스 라켓 등은 전 세계로 수출되었고, 세계적으로 1위를 차지한 생산품이 20여 종이나 됐어. 경제가 급속도로 발전하고, '맥도날드' 같은 전 세계적 체인점도 타이완에 상륙했어. 1987년에는 타이완이 세계 13위의 무역 대국이 됐어.

이 시기는 정치 민주화에 있어서도 중요한 때야. 38년간 실시되었던 계엄령이 해제되어 누구나 자유롭게 신문을 발간하고 정당을 만들고, 친척을 만나러 대륙에 갈 수 있게 됐어.

전 세계적 변화에 발맞추어 1990년대에는 인재, 자본, 그리고 정부 지원하에 정보 과학 기술 산업이 다시 한 번 '타이완의 기적'이라는 물결을 일으켜. 지금 타이완은 세계적인 전자 제품 수출국으로 중요한 위치를 차지하고 있어.

✦ 메이리다오 사건 ✦

장제스와 장징궈가 대통령으로 있을 때에는 정치적으로 충분히 민주화되지 않았어. 계엄령 때문에 새로운 정당을 만들 수도 없었고 언론 보도에도 제한이 많았지.

1979년 12월 10일, 타이완인의 정체성과 민주 사상을 고취하는 '메이리다오' 잡지사가 가오슝에서 인권 기념 집회를 열어. 당시 타이완에서는 집회를 열 수 없었어. 그런데 이날 밤, 3만여 명이 모여 구호를 외치며 거리를 행진했고, 군대 및 경찰과 크게 충돌했어. 행사를 주도한 스밍더, 황신제, 야오자원 등 8명이 법원에서 장기 징역형을 선고 받아.

그 후 타이완의 민주 정치는 성큼 한 발을 내딛어. 민주화를 요구하는 사람들이 갈수록 많아져 7년 후에는 민주진보당이 정식으로 출범해. 1987년에는 마침내 계엄령이 해제돼.

↑ 1987년 당시 대통령 장징궈가 대통령령을 반포해서 38년간 실시했던 계엄령을 해제해. 사진은 총통부의 성명이야.

⬆ 초반에는 의류, 신발, 자전거가 타이완의 주요 수출품이었어. 이후 첨단 과학 기술 제품 생산으로 전환하여 노트북, 서버, 전기차 등등에 필수인 반도체 공급 국가가 됐어. 문화 상품으로 섬세하고 특별한 먹거리와 다양하고 참신한 드라마도 세계 각국으로 수출돼.

민주 정치가 무르익다

정치적으로도 새로운 변화가 많이 일어났어. 예를 들자면, 직접 선거로 대통령을 선출할 수 있게 됐거든. 2000년 민주진보당 대표인 천수이볜이 대선에서 승리해 제10대 대통령으로 취임해. 수십 년간 집권했던 국민당이 정권을 넘겨줬고, 민주 정치는 새로운 단계로 진입해. 다양한 성격을 가진 정당들이 등장하고 있어. 민주 제도가 타이완에 튼튼하게 뿌리를 뻗어 나가고 있는 거야.

변화! 변화! 변화! 타이완의 변화는 진행형이야. 농업에서 상공업으로, 이제는 정보 과학기술 시대로 돌입했지. 역사는 지금도 계속 쓰여지고 있으니 타이완 어린이들이 바로 그 바통을 이어 받을 주역이야.

✦ 신주 과학공업 단지 ✦

1980년 정부는 신주에 첨단 과학공업 특구를 만들어 해외의 많은 전문 인력을 타이완으로 다시 불러들여. 제조사에도 특혜를 듬뿍 주었지. 아울러 인근에 있는 공업기술연구원과 칭화 대학, 교통 대학 등에서 인재를 길러 내는 데 힘써서 정보 과학기술 발전의 기초를 다졌어.

21년이 지나자 신주에 들어선 제조사가 300여 곳에 이르렀어. 미국 실리콘 밸리에 있는 첨단 산업, 그러니까 컴퓨터, 반도체, 통신, 인터넷과 유전자 과학기술 분야가 신주 과학공업 단지에 모두 들어와 있어. 그중에서도 중심은 정보 통신과 전자 산업이야. 이제 타이완은 정보 통신 산업에 있어서 세계적인 강국이 됐지. 반도체, 노트북, 모뎀, 스캐너, 단말 장치, 아이패드 등 세계 1위를 점하고 있는 생산품이 많아. 대다수가 여기 신주 과학공업 단지에서 만들어져.

타이완과 지구촌, 역사는 흐른다

	선사 시대	기원전 7000년~ 기원전 1000년	기원전 1000년~ 기원전 1년
타이완	• 지금으로부터 1만 5000년 전, 창빈 문화인 	• 지금으로부터 6000년 전, 다번컹 문화 • 지금으로부터 6000년 전, 오스트로네시아어족이 타이완에 와 • 지금으로부터 3700년 전, 즈산옌 문화 • 지금으로부터 3500년 전, 베이난 문화 • 지금으로부터 3200년 전, 위안산 문화	
중국	• 지금으로부터 약 50만 년 전, 베이징인이 베이징 저우커우뎬에서 생활해 • 지금으로부터 1만 8000년 전, 산딩둥인 • 지금으로부터 8000년 전, 벼를 심어 베이징인	• 지금으로부터 7000년 전, 황허 유역에 채색 도기 문화가 출현해 • 지금으로부터 6000년 전, 황허 하류에 검은색 도기 문화가 출현해 • 기원전 1766년~기원전 1122년, 상나라 왕조 • 기원전 1400년, 상나라인이 갑골문을 사용해. 갑골문은 중국 최초의 문자야	• 기원전 1122년~기원전 256년, 주나라 왕조 • 기원전 551년, 공자가 태어나 • 기원전 221년, 진시황이 천하를 통일해 • 기원전 202년~기원후 220년, 한나라 왕조 주나라 때의 무기
아시아 중동	유프라테스강  • 지금으로부터 1만 2000년 전, 중동의 비옥한 초승달 지대에서 벼농사를 시작해	• 지금으로부터 6000년 전, 수메르인이 인류 최초로 현재 이라크 남부에 '우르성'을 만들어 • 지금으로부터 5000년 전, 수메르인이 인류 최초로 문자를 만들어 • 기원전 1800년~기원전 600년, 아시리아, 바빌론 제국 • 기원전 1500년, 아리아인이 인도로 이주해	• 기원전 563년~기원전 480년, 싯다르타(석가모니)가 살았어 • 기원전 521년~기원전 485년, 다리우스 1세가 페르시아를 통치해 • 기원전 268년~기원전 232년, 마우리아 왕조 아소카왕 시대 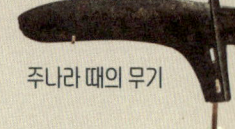
유럽, 아프리카, 아메리카	• 지금으로부터 8000년 전, 고대 그리스에서 농업이 발달해 유럽으로 퍼져 • 지금으로부터 8000년 전, 아프리카와 아메리카에서 농업이 시작돼 	• 기원전 5000년, 이집트 나일강 계곡에서 농업을 시작해 • 기원전 4000년, 아프리카 사하라 초원이 사막이 돼 • 기원전 2686년~기원전 2181년, 고대 이집트 고왕국 시대 • 기원전 3500년~기원전 1100년, 고대 그리스 폴리스 문명 • 기원전 1150년~기원전 1070년, 고대 이집트 신왕국 시대	• 기원전 776년, 처음으로 올림픽이 열려 • 기원전 27년, 율리우스 카이사르가 로마의 첫 번째 황제가 돼 • 기원전 4년, 예수 그리스도가 태어나  카이사르

기원후 1년~999년

- 지금으로부터 1800년 전, 스산항 문화, 금속기 시대로 접어들어

- 100년, 허신이 최초의 한자 사전인 『설문해자』를 편찬해
- 105년, 채륜이 종이 만드는 기술을 발전시켜
- 220년~589년, 위진남북조
- 581년~619년, 수나라 왕조
- 605년, 수나라에서 과거 제도를 처음으로 실시해
- 618년~907년, 당나라 왕조
- 629년, 현장 스님이 경전을 구하러 서역으로 떠나

- 570년~632년, 무함마드가 살았어
- 622년, 무함마드가 메카를 떠나 피난을 가고, 이해가 이슬람교 달력에서는 첫해가 돼
- 676년~935년, 통일 신라 시대
- 710년~1185년, 일본의 나라, 헤이안 시대
- 935년~1932년, 고려 시대

- 476년, 서로마 제국이 멸망해
- 950년~1150년, 아메리카의 톨텍 제국 활판으로 『성경』을 찍어 내

1000년~1499년

중화민국 우표

- 960년~1279년, 송나라 왕조
- 1048년, 필승이 활판 인쇄술을 발명해. 활판 인쇄는 점토를 구워 글자를 만들고 그 글자를 배열해 찍어 내는 방법으로 번번이 글자를 목판에 새기는 번거로움을 줄였어
- 1026년, 몽고가 서쪽, 그러니까 중동과 유럽 정벌을 시작해
- 1271년~1279년, 원나라 왕조
- 1275년, 마르코 폴로가 중국에 와

- 889년~1431년, 크메르 제국
- 1007년, 일본 최초의 장편 소설 『겐지모노가타리』가 완성돼
- 1392년, 조선 건국

- 1096년~1291년, 십자군 전쟁
- 12세기~14세기, 아프리카에 무타파 왕국
- 14세기, 지중해 지역에 페스트가 퍼져
- 1454년, 독일인 구텐베르크가 금속 활판으로 『성경』을 찍어 내
- 1492년, 콜럼버스가 아메리카 신대륙을 발견해

1500년~1599년

- 1545년, 포르투갈인이 타이완을 발견하고 '포르모사'라고 불러

네덜란드인이 제작한 타이완 지도

- 1368년~1644년, 명나라 왕조
- 1405년, 정화가 서쪽으로 첫 항해를 떠나
- 1582년, 마테오 리치가 중국에 와

정화가 서쪽으로 대항해를 하다

- 1397년~1450년, 조선에 세종대왕이 살았어
- 1467년~1590년, 일본 센고쿠 시대
- 1526년~1858년, 인도 무굴 왕조
- 1632년, 타지마할 영묘가 완성돼
- 1592년~1598년, 일본이 조선을 침략해 임진 전쟁이 일어나

타지마할 영묘

- 14세기~17세기, 유럽 르네상스 시기
- 1517년, 마틴 루터가 면죄부를 판매하는 교회를 비판하는 글을 써
- 1521년, 스페인이 아즈텍 제국을 정벌해
- 1519년~1522년, 마젤란이 배를 타고 세계를 일주해

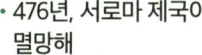

	1600년~1699년	1700년~1799년	1800년~1899년
타이완	• 1624년, 네덜란드인이 안핑에 질란디아성을 건설해 • 1662년, 네덜란드인이 항복하고 타이완에서 떠나. 정성공이 사망해. 그의 아들 정경이 그 자리를 계승해 동녕 왕국을 세워 • 1683년, 정극상이 청나라에 항복하고 타이완은 청나라 영토가 돼 • 1684년, 청나라가 타이난에 타이완부를 개설해	• 1721년, 주일관이 반란을 일으켜 • 1786년, 임상문이 반란을 일으켜 • 1787년, 장저우인 오사가 이란을 개발해 • 1788년, 복강안이 임상문의 난을 평정해	• 1858년, '톈진 조약'으로 안핑과 단수이를 개항해 • 1874년, 목단 마을 사건 • 1875년, 심보정이 타이베이부를 설치하고 타이베이가 점차 타이완 발전의 중심지가 돼 • 1885년, 타이완이 성으로 승격되고 초대 순무로 유명전이 부임해 • 1895년, 타이완이 일본에 할양돼
중국	• 1636년~1912년, 청나라 왕조 • 1661년, 순치제가 '해금령'을 선포하고 해안가에 거주하는 백성을 강제로 내륙으로 이주시켜	• 1724년, 옹정제가 서구 선교사의 선교를 금지시켜 • 1727년, 해금령을 풀어 • 1793년, 영국의 무역 대표단이 중국에 도착해	• 1839년~1876년, 아편 전쟁 • 1842년, 중국이 영국과 '난징 조약'을 맺어. 홍콩을 할양하고 상하이를 개항해 • 1894년, 중일 전쟁. 중국력으로 갑오년이라 '갑오 전쟁'이라고도 해  아편 전쟁
일본과 아시아	• 1600년, 영국이 '동인도 회사'를 인도에 세워 • 1600년~1867년, 도쿠가와 막부가 일본을 통치해 • 1633년, 일본 도쿠가와 막부가 '쇄국령'을 선포해 • 1636년~1638년, 청나라가 조선을 쳐들어와 전쟁이 일어나	• 1729년~1796년, 예카테리나 2세가 태어나 여제가 되어 러시아를 다스려 • 1782년, 태국의 라마 1세가 짜끄리 왕조를 세워. 현재 왕실은 모두 그의 후손이야	• 1854년, 일본이 서구 열강의 압박으로 개항하고 무역을 시작해 • 1868년, 일본 메이지 유신 • 1885년, 인도에 국민회의당이 결성되어 독립 운동을 전개해 • 1889년, 메이지 천황이 '헌법'을 반포하여 일본의 '입헌군주'가 돼
유럽, 아메리카	• 1602년, '네덜란드 연합 동인도 회사'가 만들어져 • 1609년, 갈릴레오가 망원경으로 별을 관찰해 • 1620년, '메이플라워'호가 미국에 도착해 • 1632년, 갈릴레오가 케플러의 '지동설'을 증명해 • 1687년, 뉴턴이 '만유인력'을 처음으로 발표해	 와트 • 1752년, 프랭클린이 감전의 원리를 알아내고 피뢰침을 발명해 • 1765년, 와트가 증기 기관의 성능과 가격을 개선해 • 1775년~1781년, 미국 독립 혁명 • 1789년~1799년, 프랑스 대혁명	• 1810년~1825년, 라틴 아메리카 독립 전쟁 • 1814년, 스티븐슨이 개량된 증기 기관차를 만들어 • 1848년, 마르크스가 「공산당 선언」을 발표해 • 1816년~1865년, 미국 남북 전쟁 • 1865년, 미국에서 노예 제도가 폐지돼

1900년~1949년

- 1927년, '타이완 민중당'이 창당해
- 1930년, 우 마을 사건
- 1941년, '황민화 운동'이 적극적으로 추진돼
- 1945년, 일본이 패전해 타이완이 중화민국에 귀속돼
- 1947년, '2·28' 사건
- 1949년, 중화민국 정부가 타이완으로 옮겨와

1950년~1959년

- 1950년, 지방 자치 실시
- 1953년, '경작자가 땅을 갖는다'는 토지 개혁 정책을 실시해
- 1958년, 8·23 진먼 포격전
- 1959년, 8·7 수재. 태풍이 타이완 중남부를 덮쳐 큰 물난리가 났어

1960년~1969년

- 1960년, 중앙 산맥을 관통하여 타이완의 동부와 서부를 잇는 중부헝관 고속도로가 개통돼
- 1965년, 미국의 경제적 원조가 끝나
- 1966년, 수출 가공 지구가 최초로 가오슝에 들어서
- 1969년, 타이완 역사상 최초로 진롱 유소년 야구 대표팀이 유소년 야구 월드 시리즈에서 1위를 해

모나 루다오

- 1900년, 8개국이 연합군을 조직하여 베이징에 들이닥친 의화단을 토벌해. 1901년 청나라는 서구 강대국과 '신축 조약'을 맺어. 이 조약은 베이징 의정서라고도 해
- 1911년, 신해혁명
- 1912년, 중화민국 건국
- 1919년, 5·4 운동
- 1937년, 7·7 사변
- 1945년, 항일 전쟁에서 승리

- 1949년, 중화인민공화국 건국
- 1957년, 대약진 운동이 시작되고 자연 재해로 기근이 들어
- 1958년, 인민공사 성립

- 1966년, 문화 대혁명

- 1920년, 간디가 비폭력 독립 운동을 주도해
- 1941년, 일본이 진주만을 기습 공격해
- 1945년, 미국이 히로시마와 나가사키에 원자폭탄을 투하해. 일본은 조건 없이 항복해
- 1948년, 이스라엘이 건국하고 아랍 국가들과 전쟁이 일어나

간디

- 1950년, 한국 전쟁 발발
- 1953년, '한국 전쟁 정전 협정' 조인
- 1954년, 베트남 전쟁 발발

- 1964년, 도쿄 올림픽
- 1962년, 한일 수교

- 1905년, 아인슈타인이 '특수 상대성 이론'을 제시해
- 1914년, 파나마 운하가 정식으로 개통돼
- 1914년~1918년, 제1차 세계 대전
- 1922년, 소련 성립
- 1939년~1946년, 제2차 세계 대전. 히틀러가 유태인을 학살해
- 1945년, 유엔이 정식으로 만들어져

- 1947년~1991년, 미소 냉전
- 1957년, 소련이 인공위성을 세계 최초로 발사해

- 1961년, 소련 우주 비행사 가가린이 인류 최초로 우주에 진입해
- 1969년, 미국 우주 비행사 암스트롱이 달에 착륙해

	1970년~1979년	1980년~1989년	1990년~1999년	2000년 이후
타이완	· 1971년, 유엔 탈퇴 · 1974년, 10대 건설에 착수 · 1975년, 장제스 대통령 사망 · 1978년, 미국 단교 선언 · 1979년, 메이리다오 사건	· 1980년, 신주 과학공업 단지가 만들어져 · 1986년, 민주진보당 창당 · 1987년, 계엄이 폐지되고 중국 대륙에 사는 친척을 방문할 수 있게 돼	· 1990년, 학생 시위가 곳곳에서 일어나 '만년국회' 폐지를 요구해 · 1991년, '동원, 반란 진압 시기'라고 규정한 임시조례를 폐지해. '동원, 반란 진압 시기'는 대륙의 중화인민공화국과 40년간 전쟁 상태임을 규정한 비상 전시 조치법이야 · 1996년, 최초로 대통령이 국민의 직접 선거로 선출돼 · 1999년, 9·21 대지진	· 2000년, 최초로 정권이 교체돼 · 2002년, 세계무역기구(WTO)에 가입해 · 2007년, 고속철이 개통돼
중국	· 1976년, 저우언라이, 마오쩌둥 사망. 문화 대혁명 종결 · 1978년, 개혁 개방이 시작돼 · 1979년, 미국과 수교	· 1989년, 6·4 톈안먼 사건	· 1991년, 화동 지역 대홍수 · 1997년, 덩샤오핑 사망. 홍콩이 중국에게 반환돼	· 2001년, 세계무역기구에 가입해 · 2002년, 급성 호흡기 증후군 사스(SARS)가 발병해 전 세계적으로 유행해 · 2008년, 쓰촨성 원촨 대지진. 베이징 올림픽 · 2019년, 코비드-19 폐렴이 발병해 전 세계적으로 유행해
아시아 기타 국가	석유 파동 · 1973년, 중동 전쟁 발발로 제1차 석유 파동이 닥쳐 · 1975년, 베트남 전쟁이 끝나	· 1965년~1990년, 리콴유가 싱가포르 총리가 돼 · 1980년, 이란과 이라크가 전쟁에 돌입해 · 1980년, 한국 광주민주화운동	이라크 탱크와 전차가 부서져 있어 · 1990년, 페르시아만에서 걸프 전쟁 발발 · 1997년, 아시아 금융 위기	· 2004년, 인도양 쓰나미로 남아시아 대지진이 일어나 · 2005년, 일본 JR 사고 · 2011년, 일본 대지진으로 후쿠시마 원자력 발전소 사고가 일어나
유럽, 아메리카 및 아프리카	· 1970년, 이집트 아스완 댐 완공 · 1973년, 세계 최초로 휴대 전화가 출시돼 · 1978년, 세계 최초로 영국에서 시험관 아기가 태어나	· 1980년, 세계보건기구(WHO)가 지구상에서 천연두가 사라졌다고 선언해 · 1983년, 에티오피아 대기근 · 1986년, 체르노빌 원전 사고 · 1989년, 베를린 장벽 붕괴 베를린 장벽	· 1991년, 남아프리카에서 인종분리 정책이 폐지돼 · 1991년, 소련 해체 · 1993년, 유럽 연합(EU) 출범 · 1996년, 세계 최초로 영국에서 체세포 복제양 돌리가 태어나	· 2001년, 미국 9·11 테러 · 2007년, 스마트폰 아이폰이 출시돼

✦ 옮긴이의 말 ✦

타이완(대만이라고도 해요)에 가 본 적이 있나요? 타이완은 우리나라에서 비행기를 타고 2시간 반 날아가면 닿을 수 있는 섬이에요. 이 책은 타이완의 역사와 사람들 이야기입니다. 타이완은 제주도보다 19배 정도 더 커요. 풍부한 자원, 지리적 위치, 민족적 다양성 등으로 인해 우여곡절이 많았지요. 지금 타이완에서는 표준어로 중국어(만다린이라고도 해요)를 사용해요. 그래서 중국이라고 생각할 수도 있고, 중국과는 다른 나라라고 생각할 수도 있어요.

원래 타이완섬에는 선주민들이 정착하여 부락을 이루고 살았답니다. 아메리카 대륙에 인디언이 살았던 것처럼요. 그러다 중국 대륙에서 바다를 건너 타이완에 정착하는 사람들이 하나둘 나타났지요. 이들을 한인이라고 해요.

대항해 시대가 시작되자 이번에는 더 큰 바다를 건너 유럽인들이 타이완에 들어오고, 네덜란드가 타이완의 남부를 점령해요. 그런데 타이완에 터를 잡고 살던 한인인 정성공이 이들을 몰아내고 타이완에 왕조를 세우지요. 얼마 못 가 청나라가 정성공 일가를 격퇴시키고 타이완을 청나라 영토로 만들고, 19세기에는 일본이 타이완을 식민지로 삼아 통치해요. 우리나라처럼 일본의 식민지가 된 거지요. 일본에게서 해방된 후에는 중국 대륙의 국민당 정부가 타이완으로 옮겨 옵니다. 이때 타이완으로 온 사람들을 외성인이라고 해요. 그 전부터 타이완에 살던 사람들은 본성인이고요.

그러니까 타이완은 크고 작은 다양한 모양과 색깔의 조각들이 맞추어진 모자이크 같아요. 선주민과 한인, 선주민과 한인 사이에서 태어난 사람들, 외성인이 함께하고 있으니까요. 이 아름다운 섬의 역사, 그 굽이굽이를 살아온 사람들을 만나는 시간 여행이 즐겁고 흥미진진했으면 합니다.

신주리

✦ 부록 _ 지명, 부족명, 나라명 한자 ✦

지명

가례완(加禮宛)
관두[關度]
광시[廣西]
구랑위[鼓浪嶼]
나마샤[那瑪夏]
난아오(南澳)
난안[南安]
난징[南京]
난터우[南投]
난터우푸[南投埔]
난헝[南橫]
난회이[南迴]
니우마터우[牛罵頭]
다다오청[大稻埕]
다롄[大連]
다리이[大里杙]
다번컹[大坌坑]
다완[大灣]
다자시[大甲溪]
다한시[大漢溪]
단수이[淡水]
둥산[東山]
라이커우[瀨口]
란양[蘭陽]

란위[蘭嶼]
랴오둥[遼東]
런아이샹[仁愛鄉]
루강[鹿港]
루얼먼[鹿耳門]
뤼순[旅順]
류두이[六堆]
르웨탄[日月潭]
마더우[麻豆]
마허포[馬赫坡]
먀오리[苗栗]
메이농[美濃]
메이농지양[美濃吉洋]
메이저우[湄州]
민난[閩南]
번항[笨港]
베이난[卑南]
베이셴웨이[北線尾]
베이징[北京]
베이터우[北投]
베이항[北港]
베이회이[北迴]
샤먼[廈門]
샨딩둥[山頂洞]
샹란[香蘭]
서랴오[社寮]

수아오[蘇澳]
수화[蘇花]
쑹산[松山]
스먼[石門]
스산항[十三行]
시라이안[西來庵]
시뤄[西螺]
신강[新港]
신뎬[新店]
신베이[新北]
신시(新市)
신이[信義]
신좡[新莊]
신주[新竹]
신중헝[新中橫]
신화[新化]
쓰린[士林]
아리[阿里]
안핑[安平]
야오[瑤]
열서(烈嶼)
완진[萬金]
원촨[汶川]
위안산[圓山]
위징[玉井]
윈난[雲南]

윈린[雲林]
이다이진[億載金]
이란[宜蘭]
자러수이[佳樂水]
자이[嘉義]
자리[佳里]
자잉[嘉應]
장저우[漳州]
장화[彰化]
쟈오바녠[噍吧哖]
중부헝관[中部橫貫]
중산[中山]
지룽[基隆]
진먼[金門]
차오산[潮汕]
창빈[長濱]
취안저우[泉州]
츠산[赤山]
츠칸러우[赤嵌樓]
커자(客家)
타오위안[桃園]
타오주먀오[桃竹苗]
타이난[臺南]
타이둥[臺東]
팅저우[汀州]
판차오[板橋]

팡위안[芳苑]
펑위안[豐原]
펑후[澎湖]
푸젠[福建]
핑둥[屏東]
하이청[海澄]
한번[漢本]
화둥[花東]
화롄[花蓮]
황허[黃河]
후웨이[滬尾]
후이라이[惠來]
후이저우[惠州]

부족명

가오산[高山]
가하우[噶哈巫]
다오카쓰[道卡斯]
다우[達悟]
다우롱[大武壠]
라아루와[拉阿魯哇]
루카이[魯凱]
마오우수[貓霧捒]
마카다오[馬卡道]
바부라[巴布拉]
바저하이[巴則海]
베이난[卑南]
부눙[布農]
사이더커[賽德克]
사이시얏[賽夏]
사치라이야[撒奇萊雅]
샤오[邵]
시라야[西拉雅]
아메이[阿美]
아이헤이[矮黑]
야메이[雅美]
쩌우[鄒]
카나카나푸[卡那卡那富]

카발란[噶瑪蘭]
카이다거란[凱達格蘭]
타이루거[太魯克]
타이야[泰雅]
파이완[排灣]
핑푸[平埔]
허안야[和安雅]

나라·왕국명

남송(南宋)
다두[大肚] 왕국
당(唐)
동녕(東寧) 왕조
명(明)
상(商)
송(宋)
수(隨)
원(元)
위진남북조(魏晉南北朝)
주(周)
중화민국(中華民國)
청(靑)
한(漢)

101

少年讀臺灣：臺灣史
Copyright © 2022 by Yao-yun, Hsu
Korean Translation Copyright © 2025 by Nermerbooks
This translation is published by arrangement with Global Kids Books,
a division of Global Views-Commonwealth Publishing Group through
SilkRoad Agency, Seoul, Korea.
All rights reserved.

이 책의 한국어판 저작권은 실크로드 에이전시를 통해 Global Kids Books,
a division of Global Views-Commonwealth Publishing Group과 독점 계약한
㈜너머-너머학교에 있습니다. 저작권법에 의해 한국 내에서 보호를 받는 저작물이
므로 무단 전재와 복제를 금합니다.

나의 첫 세계사 **타이완 공부**

2025년 4월 23일 제1판 1쇄 인쇄
2025년 5월 20일 제1판 1쇄 발행

글	쉬야오윈
그린이	쥬쯔
감수	웡쟈인(중앙연구원 타이완사 연구소 부연구원)
옮긴이	신주리
펴낸이	김상미, 이재민
편집	정진라, 이지완
디자인	김다다
종이	다올페이퍼
인쇄	청아디앤피
제본	국일문화사
펴낸곳	㈜너머_너머학교
주소	서울시 서대문구 증가로20길 3-12 1층
전화	02)336-5131, 335-3366, 팩스 02)335-5848
등록번호	제313-2009-234호

이 책의 저작권은 저자에게 있습니다.
저자와 출판사의 허락 없이 내용의 일부를 인용하거나 전재해서는 안 됩니다.
ISBN 979-11-92894-71-3 74900
       978-89-94407-32-6 (세트)

https://blog.naver.com/nermerschool
페이스북 @nermerschool 인스타그램 @nermerschool

너머북스와 너머학교는 좋은 서가와 학교를 꿈꾸는 출판사입니다.

글 쉬야오윈(許耀雲)

타이완대학교에서 중문학을 전공하고 미국 뉴욕주립대학교 버팔로캠퍼스에서 교육학 석사학위를 받았습니다. 기자 및 편역자로 일했고, 오랫동안 출판계에서 어린이 책을 만드는 데 힘쓰고 있습니다.

그림 쥬쯔(九子)

중앙연구원 고고학 박물관에서 표본을 그림으로 제작하는 작업을 했으며, 지금은 프리랜서 일러스트레이터로 다양한 작품을 발표하고 있습니다. 2016년 이탈리아 볼로냐 국제 도서전 일러스트 부문에 선정되었습니다. 대표작으로 그림책 『밀짚모자가 날아갔어요』, 『아스와 임금님의 새 옷』, 『호두까기 인형 왕이 나무를 두드려요』 등이 있으며, 그 외 다양한 작품을 책과 신문, 잡지에 발표하고 있습니다.

옮긴이 신주리

이화여자대학교를 졸업하고 중국문학 전공으로 서울대학교에서 박사 학위를 받았습니다. 타이완 국립 정치대학과 중국 난징 사범대학에서 연수를 했습니다. 서울대학교를 비롯한 여러 대학에서 중국 관련 강의를 했고, 번역도 하고 있습니다. 옮긴 책으로 『사슴왕 하커』, 『눈먼 여우의 동굴 청소』(공역), 『찰리 9세와 미스터리 사건 탐험대』(1~10권), 『서유기』(공역) 등이 있고, 『천 개의 무늬, 천자문』(1~2권, 공저)을 썼습니다.